青春文庫

決定版
他人の心理が
面白いほどわかる本

おもしろ心理学会[編]

青春出版社

人間関係の悩みの8割は解決できる！

人間は1人では生きていけません。どんなにタフな精神力を持っていようと、他人と関わらずにはいられないからです。

あの人はいったい何を考えているんだろう、どうしてあんな言い方をするんだろう…と、何かにつけ気になるものです。

本書は、そんな悩みのタネになりがちな人間関係の問題をスッキリ解決する方法を心理学的知見にもとづいて紹介しました。

たとえば、やたらと「うんうん」とうなずく人は逆に他人の話に興味がなかったり、待ち合わせの時間に来るのがやけに早い人はある不安を抱えていたりします。

気になる人のことばや行動、表情、しぐさ、趣味や嗜好など、ココロの奥底に隠された本音を読み解くことができれば、そんなことでくよくよしたり悩むのがバカらしくなるはずです。まずは気になる項目から目を通してみて下さい。

２０１８年８月

おもしろ心理学会

決定版　他人の心理が面白いほどわかる本■目　次

1

「ことば」――ことばの裏に、本当の意図は潜んでいる……13

「まあ」「えーと」…〝間〟をとる人はかなりのクセもの!?　14
やたらと「うんうん」うなずくのは他人の話に興味がない証拠　16
「絶対に」「必ず」…いつでも強い言葉で言い切る人の〝信用度〟　18
〝井の中の蛙タイプ〟かどうかを見極めるちょっとしたコツ　20
「おやじギャグ」を連発するのは、どんなタイプ？　22
「返事は今すぐでなくてもいい」というタイプに気をつけろ！　24
平気で他人のせいにする言い方ができる人の取り扱い方　26
言い間違いが多い人は、本音を隠しながら生きている？　28
同世代なのに敬語を使ってしまう人は、一体何を恐れている？　30
「大変だった」を連発する人が、周りに気づいてほしいこと　32
エンドレスで話し続ける人が、必死でごまかそうしていること　34
相手の発言に「とにかく」が出てくるのは何のサイン？　36
「～ってどう思う？」から話を始める人の深層心理　38

何にでも「一応」をくっつける人の「一応」を信じてはいけない　40
「もしくは」「あるいは」が口ぐせの人は頭がよくてムダが嫌い　42
器用で自分勝手な「それから」を多用する人　44
「～と思います」という人が断ち切れないものとは　46
「～してくれる？」を連発する人はじつは〝ヒラメ〟？　48
無能さを自らアピールする人はかなり計算高い？　50
何でも「はい」と言う人は仕事に情熱がない　52
「ようするに」を連発する人はうまく仕切っているつもり　54

2 「行動」――不可解な動きに、そういう理由があったのか……57

単純作業を楽しめるのは不平不満が少ない人　58
朝４時に起きるのは「報酬の効果」に目覚めたから　60
部下を立たせて怒る上司は絶対に上下関係を崩したくない　62
ふだんはやらないことを一生懸命やっているのはプレッシャーから逃げたい時　64
心にもないことを言っている人は軽い冗談に乗ってこない？　66
せっかちな人が急に落ち着いた口調になった時に感じている気配とは　68

さほど親しくないのにプライベートを愚痴るワケ　70
飲み会で入り口近くの席を死守する人が考えていること　72
おつりのないようきっちりと支払う人は几帳面だが空気は読めない!?　74
テーブルで向かい合って真正面に座る人は戦いを挑もうとしている　76
立ち話ですませようとする人がごまかそうとしていること　78
待ち合わせの時間に来るのがやけに早い人の心理法則　80
会話中にやたらと飲み物に手を伸ばす人は話に飽きている　82
臭いくつ下の匂いを嗅ぎたくなるのはどうして？　84
相手が上着を脱いだら関係は一歩前進する!?　86
飲み会の席でかいがいしく世話をする人のホンネ　88

3

「表情」──表に出てしまうこのサインを見逃すな！

「表情」──表に出てしまうこのサインを見逃すな！……91
愛想笑いかそうでないかは大頬骨筋で確認できる　92
顔のココに視線を集める人は他人を支配したがっている　94
眉の動きで表情の奥の気持ちがわかる　96
「よくうなずいてくれていたから納得してくれた」という誤解　98

本音をあぶり出すには、首の動きに注目する 100
ポーカーフェイスな人は臨機応変に対応するのが苦手？ 102
思い出せない時に目を閉じるのは雑念をシャットアウトしたいから 104
ピンチの時に笑ってしまうのはトラブル大好きの頼れる人 106
やたらと視線が合う人に思わせぶりな態度をとってはいけない 108
ペロッと舌を出すのは好意でベーっと出すのは拒絶の表れ？ 110
バカ笑いする人は能天気ではなく繊細で協調性がある人 112
視線の動きから「誠実」かどうか見抜く方法 114
舌なめずりは説得のチャンスか撤退のサイン？ 116
なぜあからさまに眉をひそめてしまうのか 118

4 「しぐさ」――その「態度」を真に受けてはいけない……121

両足をしっかり閉じて座っている人の攻略法とは 122
自分の体を触っている人は欲求が満たされていない？ 124
オーバーアクションは他人に認めてもらいたいサイン？ 126
両手でカップを持つ人は演技派にして慎重派？ 128

生あくびが止まらない人はストレスがたまっている？ 130
「本音は足先に表れる」というのは本当か 132
唇を触るクセがある人は甘えん坊だった!? 134
鼻をやたらといじる人は隠しごとがあるから？ 136
時計ばかり見るクセがある人はイライラしやすい？ 138
座席の真ん中に座る人は他人が近寄っても気にならない 140
ペンやストローの端っこを噛む人はストレスフルな状態 142
権威を誇示したい人がとる後ろで手を組むポーズ 144
思わず頭を抱えてしまう時の深層心理 146
指を組むしぐさからはどんなタイプかがわかる 148
男性が思わず股間を隠してしまう時の心理とは 150
大事な交渉で出てしまう「尖塔のポーズ」は何のサイン？ 152
タバコを吸うしぐさからわかるその人の性格 154
お辞儀の仕方に見え隠れするその人の本音とは 156
腰に手を当てている人は内心で拒絶し、怒っている 158
何度も足を組み替える人は心に何かを抱えている 160
人があごをひいて上目遣いになった時何をうかがっているのか 162

イスに浅く座り続けている人はかなり相手を警戒している　164

5 「趣味と嗜好」――「好み」を見れば、人物タイプを推理できる……167

「食べもの」の好みを知るだけで、心の中を知る方法　168
「制服好き」に責任感が強い人が多いのはなぜか　170
トレンドに敏感な人の人間関係は「広く浅く」？　172
商売の片腕に選びたい〝いつでもどこでもスニーカー女子〟　174
キャラクター柄のタイを選ぶ男は周囲へのアタリが強い!?　176
ペットを溺愛する人は、じつは〝自分がかわいい〟人　178
意地でも帽子を取らない人はアピールが強め　180
行列に興味を示すのは気配り上手な人　182
見た目の印象には裏腹なキャラクターが隠れている　184
カラオケに行くとその人の本性がわかる？　186
どこにでも私物を持ち込む人には近寄ってはいけないワケ　188
「ゴシップ好き」に意外と優等生タイプが多い理由　190
「会うたびに印象が違う人」ってどんな人？　192

なじみの店が多いタイプは孤独な寂しがり屋さん　194
〝半額シール〟が大好きな人は単なる倹約家ではない　196

6 「対人関係」――他人との距離の取り方に人の本性はあらわれる……199

距離を縮めるのに効果的なプライベートのチラ見せ　200
共通項を戦略的につくり出すクレーム処理のワザ　202
努力を評価されたいなら色眼鏡をかけてもらおう　204
短所をポジティブ変換するリフレーミングでほめ上手になる　206
空気が読めない自覚があるなら黙っているのが最善の策　208
自己卑下は自分だけでなく周りの人も下げてしまう　210
無報酬のボランティアが究極の満足感を得られる理由　212
待ち合わせをすれば相手に尊重されているかどうかがわかる　214
コーヒーの差し入れが仕事のやりやすさをアップさせる　216
嫉妬心の予防には行きつけの店でグチるべし　218
自分の思考パターンを知れば長所を最大限に生かせる　220
世間話が人間関係を円滑にする心理学的な理由とは　222

人間は〝ギャップに弱い〟からこそ、この攻略法が効く！　224
神経質な人こそ最高のビジネスパートナーになる!?　226
苦言を呈するなら今思いついた風を装うべし　228
自己中心的な印象を打ち消す「私たち」の絶大な効果　230
「選べない人」には二者択一を迫ればいい　232
誰も気づかないようなささいな長所をほめると好感度が上がる　234
小さな相談事を持ちかけてリーダー気質の人を上手に利用する　236
名前を口にするだけで親近感が生まれるのはなぜか　238
説得力が急激に上がる「数字」のマジック　240
具体的な体験談を語れば親近感が得られる？　242
頑固者には大義名分を掲げて迫れば力強い味方にできる　244
欠点を指摘するなら「誰かの話」にするといい　246
気乗りしない誘いをあとくされなく断るには「困った」と言うだけでいい　248
「最近の若いコは」というフレーズが自らを追い詰めていくワケ　250
第一印象を決定づけてしまう2つのポイント　252

カバー写真提供■iStock.com/roberuto
本文イラスト提供■emojoez/shutterstock.com
Max Griboedov/ shutterstock.com
制作■新井イッセー事務所
DTP■フジマックオフィス

1

「ことば」

ことばの裏に、本当の意図は潜んでいる

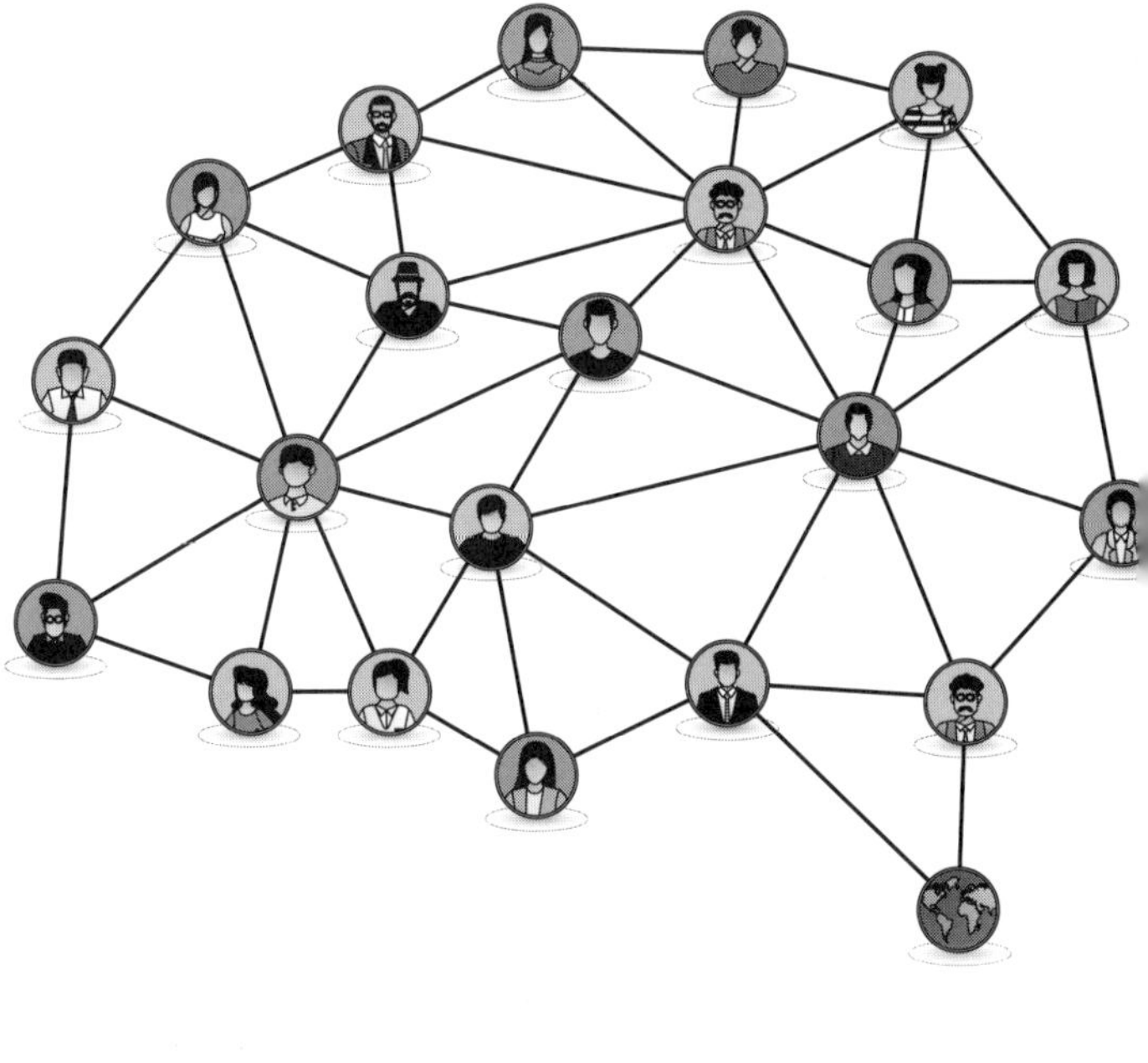

「まあ」「えーと」…〝間〟をとる人はかなりのクセもの!?

はじめて会った相手でも、話すリズムや相槌《あいづち》を打つタイミングが合っていると話しやすさを感じるものです。

こちらが話しかけたことに対してノリのいい返答が返ってきて、まさに〝打てば響く〟といった感じでポンポンと会話が弾みます。

このように、楽しく話せる相手とは初対面であっても、もうその時点で心理的な距離感がかなり近くなっています。お互いに、もっと話したいと思っているはずなのです。

ところがなかには、そんな会話のテンポをいっさい無視する超マイペースな人がいます。せっかく軽いノリで話しているのに「えー」とか「まあ」などと、まるで他人事のような態度で変な〝間〟をとる人です。

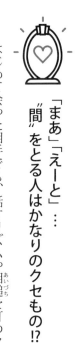

間合いをとるのだから、何かおもしろい反論でもしてくれるのかといえばそうでもありません。

じつは、このように妙な間を置く人というのは、誰に対してもライバル心を燃やしていたり、猜疑心を抱いていたりするかなりのクセものなのです。

「えー」を連発しながら、どう言えば自分をよく見せることができるか、相手より有利な立場に立てるかということばかりを考えていて、もとより会話を楽しもうという気持ちはさらさらありません。

もしも、このような人に遭遇してしまったら、早々に話を切り上げるのが得策だといえるでしょう。

ところで、スピーチやプレゼンなどの際に、いちいち「えーっ」とか「えっと」を入れてしまう人がいますが、この場合は緊張しているがためについ出てしまうクセです。

こちらは、むしろ一生懸命に苦手な仕事を成し遂げようとしているためで、けっしてクセものでも何でもありません。

やたらと「うんうん」うなずくのは他人の話に興味がない証拠

人の誠実さというのは、会話をしている時にも表れるものです。

どんなに忙しくしていても、話しかけられたらいったん手を止めて、顔と体を相手のほうに向けて話を聞く。そして、きちんと受け答えをする。

それだけで、いかに誠実な性格なのかがうかがい知れます。

逆に、話しかけても目線を動かすこともなく、聞いているのか聞いていないのかわからないような態度や生返事をされると、この人とはあまり関わりたくないなと感じてしまうものです。

しかし、相手の顔を見て返事をしているからといって、その相手とまじめに向き合っているのかというとそうでない場合もあります。

きちんと話を聞いているように見せかけて、じつは自分の話を切り出すタイミングを狙っている時などです。

そういう時、人は話を聞きながら「うんうん」「なるほど、なるほど」「あー、そうなんだ」などと必要以上にうなずきます。

しかも、相手の話が途切れる瞬間を注意深く探っているので、相手を見る目も真剣です。ですから、一瞬、この人は自分の話をよく聞いてくれる人だと勘違いしそうになります。

しかし、そもそも話の内容にはまったく興味がないので、相手の話が止まったとたんに「それより」と間髪を入れずに話題を変えてきます。

とにかく、相手の話を早く切り上げさせて自分がしゃべりたい。ただ、その一心なのです。

いつでも、どんな話をしている時でもこのような態度であれば、その人ははなから人の話を聞こうという気持ちがありません。

会話を通して感情の交流を図るのはどだい無理なタイプなのです。

「絶対に」「必ず」…いつでも強い言葉で言い切る人の〝信用度〟

スポーツに熱心な子供たちが大きな大会を前に「絶対に勝ちます！」とか「必ずやり遂げます！」などと力強く宣言すると、何だか頼もしく感じるものです。応援するほうも「がんばって！」と熱が入ります。

しかし、これをいい大人が平気で口にしていると違和感があります。なぜなら、大人になる過程のどこかで、この世には〝絶対〟なんてことはないと気づいているからです。

たとえ必ず成功させようという気持ちがあったとしても、予期せぬ事態に遭って中止に追い込まれたり、トラブルに巻き込まれることは多々あります。

だから大人であればあるほど、そんなに簡単に「絶対」とか「必ず」という言葉を使いません。というか、使えないはずです。

ところが、実際には社会的な立場にありながら、このような言葉を使う人がいます。それは、周囲からの信頼が高くなく、それを本人も自覚しているからでしょう。

有言実行の人であれば、「絶対」とか「必ず」などという言葉は口にしなくても「わかりました」とひと言言うだけで周りを安心させられます。この人はやってくれる、と思われているからです。

しかし、できると言いながら後になってやっぱり無理でしたというようなことが過去に何度もあった人は、やはり懐疑的な目で見られます。

本人もそれがわかっているからこそ、つい強い言葉で言い切ってしまうのです。裏を返せば、それしか周りを説得する術がないということでもあります。

そういえば、選挙戦最終日の〝最後のお願い〟では、「必ず実現して参ります！」などというたくましい叫び声が街中に響きます。

もしかすると、この連呼されるフレーズと投票率の低さは無関係ではないのかもしれません。

〝井の中の蛙タイプ〟かどうかを見極めるちょっとしたコツ

「そんなの常識だろ」とか「ふつう、やらないよね」、「当たり前だろう」などと頭ごなしに言われて、「常識」や「ふつう」、「当たり前」の基準っていったい何なんだろうと考え込んでしまったことはないでしょうか。

実際、どちらかといえば「ふつうって何?」と疑問を持つほうが常識的だといえます。

「所変われば品変わる」というように、国や地域が違えば文化や習慣は異なります。常識だって変わるし、けっして絶対的なものではないのです。

会社や業界にだって独特の慣習があり、長くその環境の中で働いてきた人の中には「会社の常識＝世間の常識」だと信じて疑わない人も少なくありません。古い体質の環境であればなおさらです。

実際、こんな話があります。お茶汲みは女性の仕事だと信じて疑わずに続けていたある会社では、他の地域からやってきた人に「まだやっているんですか！」と大笑いされて、ようやくお茶汲み習慣がなくなったとか。

このように、自分が井の中の蛙であることを知らずに「常識だろ」と何のためらいもなく言える人は、自分の〝常識的〟な生き方や考え方が正しいと信じているので、そうでない人を見下してしまう傾向にあります。

つまり、「常識だろ」という言葉の裏には、相手より優位に立ちたいという心理が働いているのです。

流行に敏感な年ごろである中学生や高校生も「そんなことも知らないの？　常識じゃん」などと言ったりしますが、これも「今の常識＝流行」のことを言っているのであって、流行に疎い相手を小バカにしているに過ぎません。

しかし、これは多くの人がやってしまいがちな行為でもあります。一部の常識を世界中が共有しているわけではないことをいつも心に留めておきたいものです。

「おやじギャグ」を連発するのは、どんなタイプ？

おやじギャグというと、正直つまらないものと相場は決まっています。

「宴会やってもええんかい？」

「トイレにいっといれ」

「内容がないよう」

…たしかに毒にもクスリにもならないフレーズのオンパレードですが、それでもなお言わずにはいられない人は一定数いて、周りから白い目で見られていたりします。

もちろん、おやじギャグを連発する人もウケていないことは百も承知なのかもしれませんが、だからといって周りがつまらないと非難するほどのことでもありません。

大ウケが狙えるお笑いネタの中には、身体的な特徴を笑いにするなど、一歩間違えればイジメやセクハラに発展するような攻撃的な内容もあります。

しかし、おやじギャグにはそんな心配はありません。むしろ言った本人が周囲の凍りついた空気に傷つくというリスクもあるのです。

そんなリスクを百も承知で言ってしまうのは、その場の空気を和ませようという中高年ならではの一種のサービス精神なのでしょう。

周囲が予想もしてなかったおやじギャグで、一瞬、その場の空気が凍りついたとしても、その後にクスッと笑いが起きて実際に緊張が和らぐこともあるのです。

ただ、あまりにも頻繁に繰り出す人は、人から注目されたいという気持ちが働いているのかもしれません。

ふつうにしているとなかなか人の関心を引くことができないので、つい言ってしまうのです。

実際、おやじギャグ好きな人は、少し影が薄いタイプが多いようです。

「返事は今すぐでなくてもいい」というタイプに気をつけろ！

頼みごとをする時に、「今すぐ返事をくれ」と急かす人と「返事は今でなくてもいいから考えておいて」と時間的な猶予を与える人がいたら、どちらのほうに好感を持つでしょうか。

きっと多くの人は後者を選ぶでしょう。相手の都合も聞かずに「今すぐ返事を」という態度は強引で自分勝手、あまりつき合いたくないタイプというように映るからです。

しかし、じつはクセものなのは「ゆっくり考えてもらっていいから」と返事を急かさないほうの人です。

なぜかというと、人はすぐに返事が欲しいといわれると頼まれたことの内容だけをイエスかノーかの対象にします。

もし、メリットよりもデメリットのほうが大きいことだったら、「すみません、今回はちょっと無理です」と断ることができます。

しかし、ゆっくりと考える時間があったらどうでしょうか。頼まれた内容だけでなく、依頼をしてきた人とのこれまでの関係や今後のつき合いなどを考えると時間をかけた分だけ気になり始めます。

すると、本当はやりたくないけど断るのは得策ではないかもしれない、無理をしても今回は受けておいたほうが将来のためなのかもしれないなどと、さまざまな要素を秤にかけてしまいます。

そうして返事に時間がかかると、ますます断りづらくなってしまい、結局ＯＫの返事をしてしまうのです。

つまり、向こうにしてみれば相手に考える時間を与えれば与えるほど、承諾してもらえる確率が高くなるというわけです。

返事を急かすせっかちな人よりも、戦略的に時間を与える人のほうが一枚上手といえるのです。

平気で他人のせいにする言い方ができる人の取り扱い方

トラブルや不祥事が起きた際の記者会見などを見ていると、「あれは部下が独断でやったことであり、私の指示ではない」などと堂々と言い切る幹部がいます。

たとえ本当にそうであっても、このような言い訳をしないのがトップや責任者であるはずなのに悪びれることなく言ってしまう…。心の内にあるのは自分の保身だけなのでしょうか。

ここまでひどくはなくても、「できる限りのことはしたんですが、どうもあちらが…」と、多かれ少なかれ失敗を人のせいにする人がいるものです。

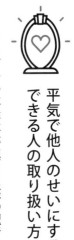

このように、悪いことが起きた時に自分以外に原因があると考えることを心理学では「他罰的」といいます。

受験に失敗したり、恋人にフラれるなど自分の思いどおりにならないことがあった時にも自分は悪くないと考え、自分以外の人やモノにその原因があると思い込んでしまうのです。

このような他罰的なタイプの人がやっかいなのは、自らを振り返って反省することがないことです。

うまくいかないのは他人のせい、失敗したのも誰かのせいにしてしまうので、次は失敗しないように工夫しようという気持ちになりません。

だから、何度も同じような失敗をすることになるのです。

さらに困ったことには、人のせいにしてうまく切り抜けたという経験をしてしまうと、それを成功体験として学習して何度も繰り返してしまうことです。

しかし、このようなやり方は長くは続きません。さすがに周囲から「他人のせいにするな」と注意されることもあります。

ところが、自分には非はないとかたくなに信じているので、注意されるとまるでダダをこねる子供のように怒り出すのもこのタイプです。

〝取り扱い要注意〟であることを覚えておくといいでしょう。

言い間違いが多い人は、本音を隠しながら生きている？

仕事の話をしている時に上司に向かってタメ口を聞いてしまったり、呼び捨てにしてしまったり…。そんな血の気が引いていくような失敗をしたことがある人は意外と多いようです。

このような間違いをしたら、とにかく「すみません！　今のはただの言い間違いです。最近疲れてましまして…」などと言い訳をしてでもひたすら平謝りするしか手はありません。

ただ、実際に疲れている時に限って、心の中にある無意識の領域のフタが開きやすくなります。

どういうことかというと、上司へのタメ口や呼び捨ては自分でも気づいていない無意識の願望で、ふだんはその願望は閉じ込められているということです。

たとえば、ふだんは上司を仕事のリーダーとして尊重し意識しているのに、自分でも意識していない無意識の領域には自分のほうがこの仕事のリーダーにふさわしいという本音が隠されているとしましょう。

その無意識の領域を閉じ込めているフタは、何かに夢中になって注意力が散漫になっていたり、疲れが溜まってボーッとしている時などに少しゆるんでしまいます。

すると、そこから漏れ出した本音がポロッと口から出てしまうのです。これを心理学者のフロイトは「錯誤行為」と呼びました。

無意識の領域には、ふだんは思い出したくない感情や記憶が閉じ込められているのです。

言い間違いだけでなく、聞き間違い、書き間違いも同じように錯誤行為で、本音の表れだといいます。

このような間違いが多い人は、本人も気づいていないところで本音を隠し、タテマエだけで生きている可能性もあるのです。

同世代なのに敬語を使ってしまう人は、一体何を恐れている？

社会人になってから知り合った相手でも、年が近いとわかれば話し方や態度はすぐに打ち解けたものになったりするものです。

ところが、なかには知り合ってから何年も経つというのに、頑なに敬語を使うことを崩さない人がいます。

朝、「ヨッ！」とか「おはよ！」と声を掛けられても「おはようございます」と返してきたり、頼みごとをする時も「お願いします」といつも礼儀正しく対応します。

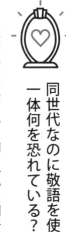

かといって仏頂面なわけでもなく、他人と親しくなるのを拒んでいるようでもありません。

このようなタイプが警戒しているのは、他人と深くかかわることがストレスになってしまうことです。

お互いに気軽にタメ口を叩ける仲になってしまったが最後、もうこの人間関係から逃れられないかもしれないという強迫観念にも似た思いがあるのでしょうか。

それともつき合っていくうちに相手のイヤな面を目の当たりにし、嫌いになってしまう可能性もあるので、そういう場合に備えて警戒しているのかもしれません。

いずれにしろ、相手のことは嫌いではないけど深入りはしたくないというサインであることには間違いないのです。

頑ななまでに敬語を使うのは、もしかすると過去に大きな失敗をしてそこから学んだ処世術なのかもしれません。そういう人に対して、「敬語、使うなよ」などと言いたくなる人もいるでしょう。

しかし、本人がそれで人間関係のバランスをとっているのだから、そっとしておいてあげてください。

「大変だった」を連発する人が、周りに気づいてほしいこと

どこの会社にもなぜか仕事がひと区切りするたびに「いや〜、今回は大変だった」という人が1人くらいはいます。

ただ残念なことに、いつもは淡々と仕事をしている人が同じセリフを言うと、「それはそれは、お疲れさまでした」と周りからねぎらいの言葉がかかるのに、しょっちゅうそれを口にしている人ほどスルーされてしまいがちです。

それは、「大変だった」を連発する人が自分を過大評価していることに周りが薄々気づいているからなのかもしれません。

誰だって自分が頑張ったことは人から評価されたいし、できればねぎらいの言葉のひとつもかけてほしいと思うものです。

しかし、その気持ちが強すぎると独りよがりになって、誰も聞いてもいないの

にいかに大変な仕事だったかとか、どれだけ苦労したかを長々と話してしまうのです。

そして、周りの反応が自分の期待以下だと、さらに自分の成果を大げさにアピールしてしまう。まるで、ほめてほしくてダダをこねている子供のようです。

しかし、そうすることによってさらに無視されるという悪循環に陥っているわけです。

また、このタイプはいつも人の注目を集めていたい、いわば〝かまってちゃん〟でもあります。

じつは、彼らは自己肯定感が低く、いつも心の中に寂しさを抱えています。そのため、他人にかまってもらうことによってようやく自分の存在意義を感じることができるのです。

だから、きちんと仕事をしているのであれば、多少面倒でも話を聞いてほめておけばそのうちに本当に成長して大化けしてくれるかもしれません。

エンドレスで話し続ける人が、必死でごまかそうしていること

おしゃべりな人には2種類のタイプがいます。

「これは内緒だから」と打ち明けられた話を誰かにしゃべりたくてウズウズする人と、とにかく誰でもいいので思っていることを洗いざらいしゃべりたい人です。

なかでもマシンガントークをするのは、後者の人です。ダダダダダッと銃弾を連射する機関銃のようにひたすら〝自分語り〟をするのですが、これをただのストレス解消だと思ってしまうと大事なことを見誤ってしまうかもしれません。

相手に話すスキを与えずにしゃべり続ける人は、じつは漠然とした不安を持っていることが多いのです。

子供でも、質問されたことに短いセンテンスで答えられない子がいます。

「それは○○だと思うんだけど、でもこの間こういうのを見たから、そうかなと

思ったんだけど、でもそれは違うってお母さんが…」などとずーっとしゃべり続けてしまうのです。

これは自信のなさの表れでもあります。答えそのものに自信がないというだけでなく、自分の考えにも自信がないので明確に答えることができないのです。

大人ならもう少し起承転結があったりするものですが、それでも相手が聞いてもいないことをひたすら話し続けるという点では同じです。

もちろん、何気ない話題を持ち出すのは会話のきっかけになるので悪いことではありません。

しかし、息つくひまもないほどしゃべり続けるのには、1人でいるのが怖いなどそこには何かしらネガティブな感情が隠されているのです。

もしくは、理路整然と話す相手にコントロールされたくないために相手に話すスキを与えていないということもあります。いずれにしても、不安や自信のなさがエンドレスなおしゃべりに駆り立てているのです。

相手の発言に「とにかく」が出てくるのは何のサイン？

天性のトークセンスを持っている人ならともかく、ふつうの人にとってセールストークというのは難しいものです。

そもそも欲しがっていない人に「いかがですか？」と勧めなければならないうえに、うっかり売りつけられないようにと相手は警戒しているのですから、どんなに言葉を尽くしても「間に合ってます」のひと言で振り出しに戻ることがほとんどです。

しゃべっている身としては、さんざん話を聞いた後に断るならもっと早めに意思表示をしてほしかったと思うこともあるでしょう。

しかし、じつはよく聞いていると相手はどこかで意思表示をしていたのに、話しているほうが大事なキーワードに気づいていなかったのかもしれません。

それは「とにかく」のひと言です。

人は話を切り上げてほしい時、「とにかく」とつぶやきます。思い返してみると、どこかのタイミングで「んー」「でも」「まあ」「とにかく…」などと口ごもっていなかったでしょうか。

この「とにかく」は、「これ以上、話は聞きません」という明確な意思表示です。たくさん情報をもらったけれど、いずれにしても自分には必要ないからと暗に断っているのです。

しかし、相手がけっして悪い人ではなく、仕事に一生懸命であればあるほど語気を強めて拒絶するのが申し訳ない気分になるのでつい口ごもってしまい、明確な意思表示にならなくなってしまうのです。

これが次から次へと一方的に言葉を繰り出すような相手だったら、「とにかく、今はけっこうです」ともっとはっきりと言葉にできます。

とにかく、「とにかく」は話を終わらせたいサインなのです。

「〜ってどう思う?」から話を始める人の深層心理

進学に就職、結婚、買い物…。生きていれば大なり小なり選択の連続です。「こっちがいい」とすぐに決められることもあれば、あれこれ迷ってしまうこともあります。

ただ、若いうちは迷いが多くても、年を重ねるうちに自分のスタイルができてくるので、よほどの大きな選択や決断でなければそう迷うこともなくなってくるものです。

ところが、なかにはいつまでたっても自分に自信が持てない人がいます。そういう人は「〜ってどう思う?」から話を始めます。

たとえば、「最近出たあのスマホってどう思う?」と聞かれたら、多くの人は自分の考えをそのまま言うでしょう。

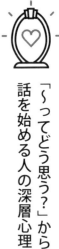

しかし、しょっちゅう「どう思う?」と聞いてくる人は、「あれ、いいよね」という答えを待っているはずです。なぜなら、もうすでにその新しいスマホを買ってしまっているからです。

自分ではいいと思って買ってはみたものの、他の人はいいと思っているのだろうか、本当にこの選択でよかったのだろうかと気になってしかたがありません。だから、誰かに「いいね」とダメ押しをしてもらいたいのです。

にもかかわらず、「あれは値段の割にスペックがイマイチ」とか「前のデザインのほうが好きだから私だったら買わない」などと返されると非常にショックを受けてしまいます。

逆に、「あれ、いいよね。買おうと思ってた」などと言われると、まるでお墨つきをもらったかのように喜ぶのです。

そうなると、次は実物を取り出してきて自慢タイムの始まりです。まるで、自分が設計、製造して販売しているのかとツッコミたくなるくらいこと細かにさまざまな機能まで説明してくれることでしょう。

何にでも「一応」をくっつける人の「一応」を信じてはいけない

国会での議員や官僚の答弁は、必ず逃げ道をキープしておくのが基本だといいます。だから断言は避け、「現時点では、記憶にございません」などとよくわからない言い回しになってしまいます。

それと同じリスクヘッジ的な考えからか、何にでも「一応」をつけて明言を避けようとする人もいます。

「あの件、担当者に連絡しておいてくれたかな」

「〝一応〟連絡しておきました」

一応というのは、「とりあえず」とか「暫定的に」という意味で使われる言葉ですが、はっきりと言い切るのが苦手なのか、つい前置きしてしまいます。

そのため、この「一応」を本来の意味として聞いてしまうと厄介なことになりかねません。

たとえば「この仕事の進め方は、〝一応〟これで行くから」と言いつつ、その進め方がベストだと信じて疑わないことがあります。

しかし、それを聞いているほうはとりあえず進めながら、今後改善していくのかなと思います。そこで、「こちらのほうが効率的です」などと意見しようものなら、「もう決まっているから」と一蹴されてしまうのです。

ただし、そんな人でも時には「とりあえず」の意味で使うこともありますが、聞いている側には判断がつきません。そこで、「一応って…?」と聞いてみるといいでしょう。

もし、本来の意味で使っているのなら、「一応、連絡したけど担当が留守だったので伝言を頼んだ」などの説明があるはずです。

しかし、意味なく使っているのであれば、「いえ、連絡済みです」とシンプルに答えるでしょう。最初からそう答えてくれるといいのですが、不安なのかどうしても前置きしてしまうのです。

「もしくは」「あるいは」が口ぐせの人は頭がよくてムダが嫌い

「Aという方法、もしくはBという方法があります」などと、「もしくは」や「あるいは」を使い、いくつかある方法や考え方を説明されると比較検討しやすいものです。

理路整然としてわかりやすいので、このような話し方をする人はきっと頭がいいのだろうと思わせます。

たしかに、「もしくは」や「あるいは」を使う人は頭がいい人です。しかしその反面、厄介な人でもあります。

なぜなら、ケチとまではいいませんが、とにかくとことんムダを省きたいタイプだからです。

お金や時間はもちろん、体力をムダに使うこともしたくありません。だから、どこかへ出かける時には、目的地までの道順は絶対に最短距離でないと気がすみません。

電車に乗る時も乗り換えに最適な車両を選び、停車した時に階段に一番近いドアから降ります。

もちろん出かける前には、きちんとネットで路線情報を調べておくなど、とことん効率的で合理的なやり方にこだわります。行き当たりばったりなどあり得ません。

しかも、それが絶対に正しいと頑なに信じていて、どんな場合でも自分の理屈を通したがります。

そのため、要領が悪く何事にも時間がかかってしまう人や、自分にご褒美などといいつつ散財したりする人などを見るとイラッとしてつい口を出してしまいます。

自分では親切のつもりかもしれませんが、周りからは自分本位で他人への配慮に欠ける人物と見られがちです。

器用で自分勝手な「それから」を多用する人

話を聞いている最中にもう何回目だろうと、うんざりするほど「それから」を連発する人がいます。

「今日、11時から打ち合わせがあります。それから、昨日の件ですが、先方からOKをいただきました。あー、それから、…」と延々と続きます。

このようにさまざまなことを同時進行で考えられるのは、見方によってはいわゆるマルチタスク型の器用な人なのかもしれません。

また、どんな出来事にも素早く的確に対応できる、順応性のある人ともいえるでしょう。

しかし一方で、自己中心的な一面もあります。

「それから」が延々と続く人というのは、自分が言いたいことを羅列して、一方的に話をどんどん前に進めていきます。

しかも、今まで話していた内容と、「それから」の後に続く内容とはまったくといっていいほど関連性がありません。

たしかに言っておくべきことがたくさんあるのかもしれませんが、相手がわかっているかどうかなどはお構いなしです。

ましてや、相手に質問や確認したいことがあるかもしれないと想像することもありません。

だから、聞き手は質問があれば「さっきの○○の件なんだけど」と、かなり前に話を巻き戻さなくてはなりません。

すぐにどの話についての質問なのかピンとくればいいのですが、そうでなければ「ほら、○○の話の前に言ってたアレだよ」などと、録音したものを巻き戻すようにして探らなくてはならないのです。

このタイプはじっくりとひとつのことを掘り下げるのが苦手な飽きっぽい性格でもあるので、周囲は振り回されることになりそうです。

「〜と思います」という人が断ち切れないものとは

自分の思いや考えを伝えたい時に、語尾に「〜と思います」とつけるのは自然なことです。

しかし、何でもかんでも「思います」で終わらせていると、自分のことを言っているのにどこか他人事のように聞こえます。

それもそのはずで、このひと言には本人の「逃げ道をつくっておきたい」という気持ちが隠されているからです。

たとえば、将来の目標を宣言する時に「〜と思います」をつけておくと、実現しなかった時に「たしかに思ってはいたけれど、現実は厳しかった」と言い訳が立ちます。

しかし、「必ず次のオリンピック代表になります」のように言い切っておいて実現しなかったら、ただのビッグマウスとして扱われてしまうだけです。

SNSで簡単に人を叩くことができる世の中ですから、たしかに言い切り型の宣言にはうまくいかなかった時にリスクも伴います。

それでも大口を叩いていると揶揄されても、「思います」を使ってこなかった人が夢を次々と実現してきたのは事実です。

中学卒業時にJリーグのジュニアユースに昇格できなかったサッカー日本代表の本田圭佑選手は、ジュニアユースに昇格したライバル選手を抜いて「日本代表になる」とみんなの前で宣言し、それを録音したといいます。

このように言い切ることで、自分自身を崖っぷちに立たせることができるのです。もちろん、ここまで退路を断つのはよほどの強い精神力がないとなかなかできることではありませんが。

気持ちが弱いと、もしもの時のことが頭をよぎり、つい「〜と思います」で逃げてしまいます。このような人が断ち切れないのは「退路」と「自己保身」なのです。

「〜してくれる？」を連発する人はじつは〝ヒラメ〟？

ヒラメは体の片面に両目がついていて上ばかり見ていることから、上司の顔色ばかりをうかがっている人のことを〝ヒラメ社員〟と呼んだりします。

どこの組織にも1人や2人は見かけるタイプです。

このタイプは電話をかけてきた上司にはペコペコと頭まで下げるのに、周りにいる自分より〝格下〟の社員には座ったままで「ちょっと、これ調べてくれる？」と、ぞんざいで遠慮がありません。

しかも、自分で簡単にできることでも、「〜してくれる？」と人にやらせることが当たり前になっていたりします。そうすることで自分の立ち位置を確認しているのかもしれません。

もちろん横柄なのは態度だけでなく、実際に相手を軽く見ています。

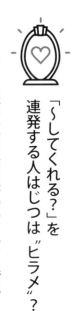

だから、何でも人にやらせるのは当たり前。それをおかしいと思っていないので、言い方が軽率になってしまうのです。

ところが、たとえば同僚などから自分が同じように扱われると、とたんに不機嫌になってしまいます。

「ちょっと、そのファイル取ってくれる?」などと頼まれようものなら、「なんで自分が」とむくれてしまうのです。

これは、本人が「〜してくれる?」と言いながら、相手を見下している何よりの証拠でしょう。

しかし、そんな自分の態度を本人はおかしいと思っていないので、ヒラメ社員と噂されていることにも気づいていないかもしれません。

ちなみに、本物のヒラメはただ上だけを見ているのではなく、眼球を動かして360度見渡しているという説もあります。

本当だったらヒラメに失礼な話ですが、組織に生息する〝ヒラメ〟は間違いなく変な上下関係の意識を持っているので、距離を置くほうが賢明です。

無能さを自らアピールする人はかなり計算高い？

ほめられたら謙遜する、それが日本では一般的な振舞いです。

たとえば、欧米人なら「今日のプレゼン、よかったですね」と声を掛けられると「サンキュー」と言うのがふつうですが、日本人は「そんなことないですよ」とか「いえいえ」などと即座に打ち消してしまいます。

それがさらにエスカレートすると、今度は自ら無能さをアピールしたりもします。

「自分なんて、まだまだ全然ですから」

「私にはそんな能力はありませんから」

などと、自らチャンスをフイにしてしまうようなことも平気で口にしてしまうのです。

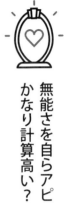

しかし、そう言っている人がみんな謙虚なのかというとそうとも言い切れません。もしかすると、なかにはその後の展開をちゃっかりと計算している人もいるかもしれないのです。

どういうことかというと、たとえば「私にはそんな能力はないので…」と言う人に対して、周囲にいる親切な人たちは「そんなことないですよ」と励まします。そして、自信がなさそうにしている頼りなさげな姿を見てフォローしようと動いたり、気にかけたりもするでしょう。そんな周りの親切心もあって、自分は能力がないと言いつつも仕事自体は順調に運ぶはずです。

ところが、そうやっていつもフォローに回っているうちに、親切な人はいつの間にかうまく使われていて、気がつけばいつも自信なさげだったあの人が、自分よりもずっといいポジションに座っていたなんてこともめずらしくありません。

自分を卑下してまで相手の気持ちを引こうとする人が待っているものは、報酬を求めない〝好意〟という名のアシストなのかもしれません。

何でも「はい」と言う人は仕事に情熱がない

昔の日本の家族を描いたドラマなどには、面倒なわがままばかり言うダンナ様に「はいはい」と答える、一枚上手感のある奥さんが登場したりします。

このように何にでも「はい」と答える人は一見、従順なタイプに見えますが、じつはそうでもありません。これは面倒を起こしたくないがための作戦なのです。

他人が言ったことに対して意見すれば対立したり、それがエスカレートしたりすればケンカになることもあります。

そんな争いを回避するために、とりあえず相手の言うことに同調しているだけなのです。

しかし、家庭内に波風を立てないためには有効な「はいはい」も、会社で使われると組織を混乱に陥れます。

特にこのタイプが職場の中間管理職にいると大変です。上の指示なら理不尽なものであっても何でもはいはいと請け負い、それを末端の部下にまで押しつけてしまうからです。

若手から「なんで、こんなことまでしなくてはならないんですか！」と抗議されても、「上の指示だから」という理由ですませてしまうのでたまったものではありません。

こういう人は、上司が白いものを黒と言ったら「黒です」といい、部下からそれは違うと責められても「そうだね、違うね」とその場限りの返事ばかり。

本人にとっては、どちらからもいい人と思われたいという心理が働いているのかもしれませんが、間に入ったところで何の役にも立ちません。

仕事に対する情熱もないので、若手が一丸となって職場環境の改善を訴えてもきっと暖簾に腕押しで終わってしまうはずです。

「ようするに」を連発する人は
うまく仕切っているつもり

ＩＴのおかげで仕事がスピードアップし、会議もかつて行われてきたようなダラダラと時間を浪費するようなものは敬遠され、できるだけ効率よく短時間ですませることがいいとされています。

しかし、そうはいっても出席した参加メンバーからさまざま意見が出てくると、なかなか簡潔に決めるというわけにはいかないこともあります。

そんな時にいると助かるのが、まとめ役になってくれる人です。

「ようするに、こういうことですね」と、それぞれの意見を集約してメリットとデメリットを可視化して、方向性をまとめてくれる。

そんなリーダーシップのある人がいれば、会議も充実したものになり、みんなが気持ちよく仕事できることでしょう。

ただ、この「ようするに」をやたらと連発する人の中には、これを他人の発言をさえぎることができる切れ味のいい武器だと勘違いをしている人もいるようです。

そういう人は誰かがまだ発言の途中だというのに、「ようするに、君が言いたいことは～」などと無理矢理まとめようとします。

そういう意味ではなくて、と相手が説明をし始めても、また畳みかけるように「ようするに」を連発して最後まで話を聞こうとしないのです。

このような人はただ気が短いだけだと思われがちですが、それだけでなく自分に自信があるうえに支配欲求が強い人でもあります。

そこにいるメンバーや場の空気を支配して、上に立ち、自分の思いどおりにことを運びたいという欲望を持っているのです。

だから、他人の意見は基本的に耳を傾ける必要がないと思っています。

本人はうまく取り仕切っているつもりなのですが、かえって実のない会議にしてしまうのは往々にしてこのようなタイプなのです。

2

「行動」

不可解な動きに、そういう理由があったのか

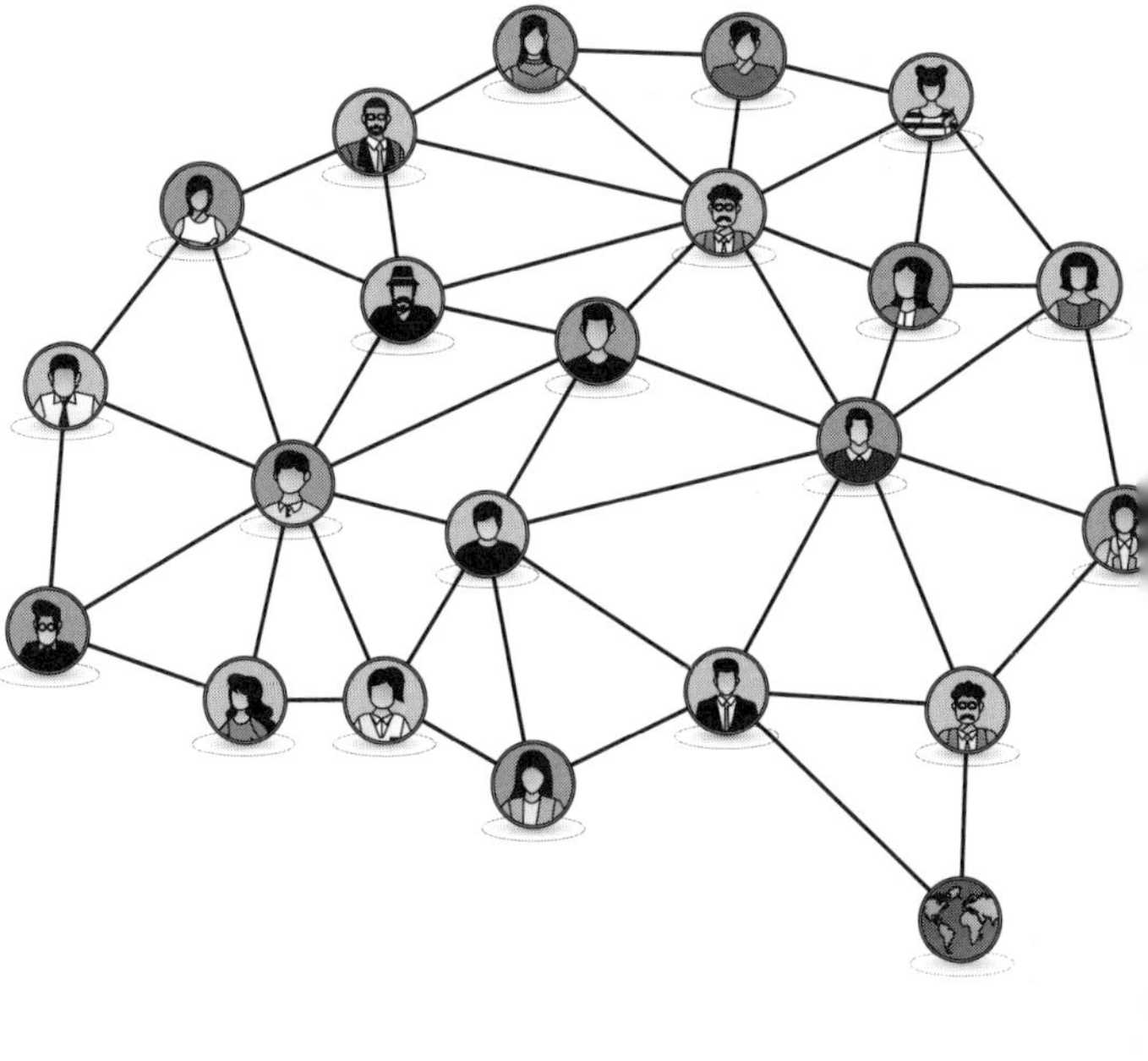

単純作業を楽しめるのは不平不満が少ない人

希望した仕事に就いたとしても、いつも自分がやりたいおもしろい仕事ばかりができるわけではありません。退屈に思える単純作業も仕事のひとつです。

ところが、ただ同じことを繰り返すだけの作業はやりたくないという人がいます。おそらく上昇志向が強く、そんなのは自分がやる仕事ではないというプライドがあるのかもしれません。

しかし、一方でそんな作業でも嫌がらずに引き受ける人もいます。しかも、作業中も楽しそうです。

そんな彼らに共通しているのは、自分に合ったリズムをつくって作業しているという点でしょう。

もちろん、海外のミュージカル映画に出てくるようにかっこよく体を揺らしたりする必要はありませんが、一定のリズムに合わせて単純作業をするのは楽しいものがあります。

たとえば、ハガキに宛名シールを貼る作業だったら、まず重ねたハガキのフチを少しだけずらして自分の前に置き、
①シールをはがす
②シールを貼る
③貼り終えたハガキを持つ
④脇に置く
という動作を4拍子で続けていくのです。ポップスでもクラッシックでも4拍子の曲は多いので、鼻で歌いながら作業することもできます。

単純作業を苦に感じない人は、このような楽しさを見出すのがじつにうまいのです。

しかも、単純作業をすれば集中力が増し、ほかの仕事にもいい影響を与えます。

単調な仕事を軽く見る人は、さまざまな面で損をしているのかもしれません。

朝4時に起きるのは「報酬の効果」に目覚めたから

本来、人間は昼間活動して夜は休息するというライフスタイルが合っているはずですが、なぜか成長するにつれて夜更かしをするのが楽しくなってしまい、高校生の頃には立派な夜型人間になったりします。

しかし、そんな生活を長年送っていたのに、社会人になってからある日突然、朝型に変わる人がいます。

別に新聞配達のような朝早く起きなければならない仕事を始めたわけでもなく、勤務地が自宅から遠いわけでもありません。人から見ると何か理由があるわけでもないのに、自主的に朝型にライフスタイルを変えるのです。

このように生活をシフトチェンジする人は、「報酬の効果」に目覚めたのかもしれません。

たとえば、それまでは会社のつき合いなどで遅くまで飲み歩いていたり、テレビやネットをダラダラと見て夜更かししていたことを突然、無意味に感じたとしましょう。

そこで試しにつき合いを断わり、ネットやテレビを消して早寝早起きをしてみたら、思いのほか充実した時間が過ごせた。

しかも、早く家を出たら電車が空いていて快適で、仕事が始まる頃には頭がフル回転していて仕事がはかどった。

このように行動を変えたことによって報酬が生じると、その快感が動機となってさらにその行動を起こしたくなり、早起きが習慣化するのです。

ちなみに、朝型になった人が設定する起床時間は、まだ夜が明けきらない4時〜4時半頃が多いようです。

朝の4時といえば、夜更かしする人にとってはまだ寝入ったばかりの時間で、一般的な起床時間としては早過ぎます。朝型の人は、この静かな時間に自分のやりたいことをできることに快感を覚えるのです。

部下を立たせて怒る上司は絶対に上下関係を崩したくない

上司に怒られるのはできれば避けたいことですが、決定的なミスを犯してしまった時などは素直にそれを受け入れなくてはならないこともあります。

しかし、そんな時に冷静に相手のことを見ていると、その上司が部下との関係をどのように考えているかが見えてきます。

たとえばよくあるのは、上司が自分の席に部下を呼びつけて目の前に立たせたままで怒るパターンです。

上司は自分の席に座ったままふんぞり返り、うなだれた部下の顔を見上げた状態になります。このようなスタイルで怒るのは、自分より部下が手柄を上げるのを嫌う小心者です。

常に主導権を握っていたいと思っているのですが、自分に自信があるわけでもないので〝自分の席〟というテリトリーから出るのを不安に感じています。だから、部下を自分の席に呼びつけるのです。

また、部下の席まできて部下を座らせたまま、上から見下ろすようにしながら怒る上司も上下関係にこだわるタイプです。

こちらは自分の出世のことばかりを考えているので、部下の失敗が自分の人生プランに悪影響を及ぼすことにおびえています。だから、どうしてもヒステリックになってしまいます。唾を飛ばされながら頭ごなしに怒鳴られる部下としてはたまりません。

一方で、信頼できるのは別室に呼んで注意するタイプです。人目を避けて怒るのは、なぜミスが起きたのか、落ち着いた状態で事実確認をしたいと思っているからです。

もちろん厳しい言葉で怒鳴られるかもしれませんが、失敗から学ぶこともあると考えているので、社内のさらし者にするようなことはしません。

このような上司なら、安心してついていくことができるでしょう。

ふだんはやらないことを一生懸命やっているのは　プレッシャーから逃げたい時

ふだんは掃除なんてしない人が突然、ホコリのかぶった本棚を拭き出したり、何年も見向きもしていなかったペン立てに入っている鉛筆を削り出したり…。はたまた、さっきまで元気だったのに急に「なんかお腹の調子が悪い…」などと横になるなど、何か不自然な行動を始める人がいたら、その人はしなくてはならない〝何か〟を抱えています。

しかし、その何かをうまく成し遂げられる自信がまったくありません。だから、無関係なことに時間をかけたり、体の調子が悪いと思うことで「失敗してもしかたがない」と言い訳づくりをしているのです。

このように事前に言い訳づくりをすることを、心理学では「セルフ・ハンディキャッピング」といいます。

掃除をしてしまったから、お腹の調子が悪かったから、万全の準備ができなかったから…。このような言い訳をつくっておくと、実際に失敗してもしょうがないと思えます。

つまり、事前に自己防衛をしておいて、自分がダメージを受けるのを最小限に抑えようとしているのです。

しかし、いつもこのような言い訳づくりをしていると負け癖がついてしまい、「自分になんてできるわけがない」と思うようになります。やればできると自分を信じることができなくなるのです。

もちろん、棚ぼたでうまくいくことがあるかもしれません。

そうなると、成功した時の気分は格別ですが、そんな奇跡は百にひとつも起こるはずもありません。

そのため結局、いつまでたっても自信が持てず、成功をするという喜びを味わうこともないのです。

心にもないことを言っている人は軽い冗談に乗ってこない？

イギリスでのある調査によると、誰でも1日に何度かはウソをついているといいます。その数は、男性が1日平均6回、女性は3回だったとか。

ウソといっても罪を問われるような重大なものではなく、たとえば体調が悪いのに「大丈夫です」と言ったり、仕事がまったくはかどっていないのに「順調です」とごまかしたりするようなことです。

そういわれれば、自分も本心ではないことをつい言っているなと心当たりがあるのではないでしょうか。

特に、人は社交辞令では心にもないウソをついてしまいがちです。

誰が見ても似合わないジャケットを着ている人に「ちょっと派手すぎるかな？」と聞かれて「素敵な色ですね、お似合いですよ」と答えたり、「最近、すっかり老けてしまって」と嘆く人に「いえいえ、まだまだお若いですよ」などと言う人もいるでしょう。

しかし、このような社交辞令がすべてウソとも限りません。本心から人をほめていることもあるし、そもそもお世辞を言うのが苦手という人もいます。

そこで、本心を言っているのかどうか確かめたかったら軽い冗談で返してみればわかります。

「素敵な色ですね、お似合いですよ」という相手に「蝶ネクタイをしたら、まるで七五三だよね」などと振ってみるのです。

もし、本心から相手を褒めている人だったら「私も、こういうのを着て写真に写ってました」などと話に乗ってくるでしょう。

でも、心にもないお世辞を言っているのだとしたら言葉を失ってしまうはずです。なぜなら、相手の自虐的なセリフをまさにその通りだと受けとってしまうからです。

きっと顔を引きつらせて、「ははは…」と笑ってごまかすことでしょう。

せっかちな人が急に落ち着いた口調になった時に感じている気配とは

一般的に早口な人はせっかちです。別に急いで話す必要がない場合でも焦った口調で話し、何度も何度も同じ言葉を繰り返したりします。

そして話せば話すほど、本人も周囲も何が言いたいのかがわからなくなり、誰かが順を追って解説を加えながらでないと話の全容が見えてこないのもせっかちな人の特徴でしょう。

このように焦った口調で話す人は、やはり気持ちも同じように焦っているのです。

ところが、気持ちはものすごく焦っているのに、場合によっては逆に落ち着いた口調になることもあります。

それまではごく普通のペースで話していたのに、「えっ…と、それはもしかすると、NOという意味にとらえてもかまわないということなのかな…？」などと急に一言一言をゆっくりと噛んで含めるように話し、声のトーンまで落ち着いたものになります。

突然、このような口調に変わるのは、自分にとってマズい事態になりそうな気配を感じているからです。

——必ずいい返事がもらえると自信があったのに、どうやら自分はNOを突きつけられているのではないか？

——自分が思い描いていたシナリオで進むと思っていた話が、変な方向に進んでいるように思える。

そんな思いもよらぬ空気を察知した時に、人は奇妙に落ち着いた話し方をするのです。

そんな相手とトラブルになるのを避けたかったら、改めて何を言いたかったのかを聞いてみたほうがいいかもしれません。

さほど親しくないのに
プライベートを愚痴るワケ

男女を問わずおしゃべり好きな人はいますが、同じおしゃべりにもいくつかタイプがあります。

誰彼かまわずのべつ幕なしにしゃべっていたい人、とにかく盛り上がる話をふってその場を仕切りたい人、何かと相手のことを聞きたがる人、そして相手の話をさえぎってでも自分の話をしたがる人など、じつにさまざまです。

こちらも話好きなら苦にはなりませんが、そうでなければつき合うしかありません。ひたすら聞き役に徹してその場をしのぐという方法が最善ですが、その時に警戒しておくべき人がいます。それは、たいして親しくもない間柄なのに愚痴を言う人です。

同年代の友達や同僚なら、飲み会の席などでついこぼしてしまうことはよくありますし、仮に愚痴大会になってもなんら不思議ではありません。

ですが、職場の先輩や上司など、ふだんはそこまで踏み込んだ話などしないような人が、急に家族の愚痴や自分の悩みをさらけ出してきたら要注意です。

というのも、そこには「自分の弱みを見せることで、何か見返りを要求したい」という心理が隠されているからです。

見返りとは簡単にいえば「頼みごと」です。たとえば「面倒な仕事を代わってほしい」「みんなが嫌がる役割を押しつけたい」など、上司とはいえ、なかなか言い出しにくいことを、あらかじめ弱みを見せることで少しでも頼みやすくしようとしているのです。

相手が期待しているのは「この人はプライベートで大変そうだし、引き受けてやるか」という反応です。

そうとはわかっていても同情して引き受けるもよし、その手に乗るかと突っぱねるもよし、その先は自分しだいです。

飲み会で入り口近くの席を死守する人が考えていること

飲み会をしようということになった時、参加人数が7、8人以上になると個室の席を予約しようかとなります。

この場合、特に上下関係のない間柄だったら席順は早く来た人から奥の席に詰めていくのが一般的でしょう。

ところが、一番に店に到着しても入り口に近い席を死守しようとする人がいるものです。

後から来た人に奥に詰めてと言われても、「いえいえ、どうぞどうぞ」と自分の前を通して他の人を奥の席に入れます。

個室で下座に座ると必然的にお代わりを注文したり、空になった皿をまとめるなどの仕事をすることになるので、そこにいたがる人はきっと世話を焼くのが好きなのだろうと思う人もいるかもしれません。

ところが、当の本人はまったく違う理由でその場所に座っていたりします。じつは、個室の入り口に最も近い場所に座るのは、その場の雰囲気に入れなかったらさっさと退散しようと考えているのです。

よく考えてみると、入り口は入ってくる場所であると同時に出口でもあります。その近くにいれば、何か緊急事態が起きた時にいの一番に逃げることができるのです。

〝緊急事態〟といっても火事や地震ではありません。飲み会のメンバーとノリが合わない、自分にはこの席は場違いな気がするといった時にも何かと理由をつけてサッと退散することができます。

これがもし奥の席に座っていようものなら、帰りたいという雰囲気を見せれば「まあまあまあ」と肩に手を置かれて立ち上がるスキさえ与えられないに違いありません。

このような事態を想定してか、入り口近くに座っているのです。

おつりのないようきっちりと支払う人は几帳面だが空気は読めない⁉

財布がポイントカードや小銭でパンパンに膨らんで、型崩れまでしているのはあまりカッコいいものではありません。しかも、それを気にするのは圧倒的に男性に多いものです。

そもそも男性向けの高級財布は札とカードを入れるスペースしかなく、小銭を入れるポケットがないデザインのものもあり、それがかっこいいという男性もいます。

ところで、このようなスマートな財布を持つと小銭は小銭入れに分けて入れることになりますが、このようにきちんとお金を分けて管理している人は几帳面な性格です。

浪費癖もない節約家なので一家の大黒柱としては理想的なのですが、あまりにもきっちりしているがために人をイラッとさせる時があります。

その几帳面さが発揮されるのがコンビニやスーパーのレジで、とにかくおつりのないようにきっちりと支払おうとすることです。

たとえば会計が1320円だったとすると、まずポケットから札入れを取り出して1000円札を出し、札入れをポケットにしまってから小銭入れを取り出します。

几帳面なので、小銭入れにちょうど320円あったと記憶しているのです。

ところが、時々記憶が間違っていることもあります。ここまできてようやくあと10円足りないことに気づくのです。

となると、また小銭を小銭入れに戻し、それをポケットに入れて札入れを取り出すというもどかしい一連の動作が繰り返されることになります。

この時、頭にあるのは支払いのことだけであって、自分の後ろに人が並んで待っているかには関心はありません。

一緒に仕事をすると頼れる反面、精神的には疲れる相手なのです。

テーブルで向かい合って真正面に座る人は戦いを挑もうとしている

長い会議用の机と違い、円形のテーブルには上座や下座という概念がありません。そのせいか、ブレインストーミングなどアイデアを出し合いたいミーティングなどでもよく円形のテーブルが使われています。

さて、ここに直径1メートルほどの円形のテーブルがあるとしましょう。イスは4脚あり、方角でたとえると「東」「西」「南」「北」の位置に1脚ずつ設置されています。

1人がまず「北」の位置にあるイスに座りました。すると、もう1人は真正面にある「南」の位置のイスに座ります。

ほかにも選択肢があるにもかかわらず、あえてこの真正面のイスを選ぶのはこの2人が親密ではないからだといえます。

もっといえば、これから何か深刻な話をするためにテーブルに着いたのかもしれません。

なぜなら、仲がいい2人だったら相手と90度の位置関係にある「東」や「西」のイスを選ぶからです。

そのほうが近くで相手の目を見ることができるし、リラックスして話すこともできます。

しかし、正面の位置に座るとそんな目線の自由はありません。両者の間に1メートルのスペースはあるものの、話すとなればじっと相手を見続けることになります。

ヘタに目をそらせば、何かやましいことでもあるのではないかと勘繰られたりもするのです。

席が選べる状況で、サシで向かい合っているのは、緊張感のある関係だと思っていいでしょう。

立ち話ですませようとする人がごまかそうとしていること

外を歩いていたら、しばらく顔を見ていなかった知り合いにバッタリ出会いました。

こういう場合、お互いに急ぎの用でもなければ「まあ、立ち話もなんだから」と、どちらからともなくお茶に誘ったりするものです。

ところが、特に急いでいるわけでもなさそうなのに、どんなに誘っても座れるような場所に移動することを拒まれたとしましょう。

じつは、それは1対1で時間を過ごすことへの拒否反応だと考えて間違いありません。

つまり、ふだんは仲のいいふりをしていても本音では「この人は苦手だ」と思っているのです。

ふつう、心を許している相手と久しぶりに会えば座ってゆっくりと話をしたいと思うものです。

しかし、苦手意識を持っている人とは、できれば1対1で長い時間を過ごしたくないと思うでしょう。

なぜなら、せっかく今まで苦手だということを隠しおおせてきたのに、サシで過ごしたがためにそれがバレてしまうかもしれないからです。

ほかに人がいるのなら何とかごまかすこともできますが、2人きりで面と向かうと話し方や目の動きなどで心の内が露呈してしまうのではないかと恐れているのです。

自分は別に嫌われるようなことをしていない、嫌われる覚えはないと思うかもしれませんが、けっして悪人でもないのに好きになれない相手がいるという人はいるものです。

頑なに立ち話ですませようとする人がいたら、そのあたりの感情を汲み取ってあげることで互いの距離を少し縮めることにつながるかもしれません。

待ち合わせの時間に来るのが
やけに早い人の心理法則

日本人は時間に対する感覚がとても几帳面といわれます。

ある鉄道会社は、出発予定時刻より20秒早く電車を発車させてしまったことをホームページでお詫びしたほどで、このことは世界でも驚きを持って報道されました。

しかし、そんな日本人といえども、いつも約束の時間に遅れてくる人もいます。

いわゆる時間にルーズなタイプです。

本人は予定に合わせて行動しているつもりなのですが、到着したらなぜかいつも時間に遅れています。

またそれとは反対に、約束の時間よりずいぶん早く待ち合わせの場所に到着する人もいます。

では、こちらは几帳面なタイプなのでしょうか。

〝ちょっと〟のレベルではない20分や30分も前に到着して待っている人というのも、じつは時間にルーズな性格なのです。

待ち合わせをしている相手にしてみれば、いつも先に来て待っているので、なんてきちんとした人なのだろうと思うかもしれません。

しかし、こういう人は時間どおりに行動できないため、1日のうちのかなりの時間を無駄遣いしています。そういう意味で、かなり時間にルーズだといえます。

しかも、自分が時間にルーズだということは、本人も十分に自覚しているのです。本当は、時間ぴったりに行動できればいいのですが、それができないので待ち合わせ場所には早め早めに出かけようとするのです。

本人は人に迷惑をかけないように行動しているので、大目に見てあげましょう。

会話中にやたらと飲み物に手を伸ばす人は話に飽きている

町内会や趣味のサークルなどに所属していると、新年会に納涼会、懇親会、忘年会と何かにつけて集まる機会があります。

しかし、いつも似たようなメンバーで集まっていると、どうしても話が同じような展開になりがちです。

よくあるのが、後半はおしゃべり好きな世話役の人が延々と話し続けて、みんなでそれを聞くというパターンではないでしょうか。

そうなってくると、聞き役に回っている人たちのリアクションにはっきりと温度差が生まれてきます。

笑ったり驚いたりしながら身を乗り出している人は、おそらく会に入って間もない人です。「へえ～!」など反応も大きく、心から話を楽しんでいるように見えます。

ところが、そのそばで頻繁に飲み物のグラスに手を伸ばしている人が1人や2人はいるはずです。

この人たちはたしかに話を聞いているのですが、数分に1度くらいの頻度でグラスを手に取り、ちょっとだけ中身を飲む。これを延々と続けています。

このようにやたらと飲み物に手を伸ばすのは、聞き飽きている証拠です。もう何度も聞いた話なのでオチもわかっていて、みんながどんな反応をするのかもわかっています。

しかし、自分が知っている話だからといって「その話はもう聞き飽きた」などと止めるわけにいきません。だから、退屈しのぎにチビチビとやっているのです。

ちなみに、このように冷めている人はお開きにするタイミングも見計らっています。「じゃあ、そろそろ時間だから」と口火を切るのは十中八九、頻繁にグラスに手を伸ばしていた人なのです。

臭いくつ下の匂いを嗅ぎたくなるのはどうして？

学生時代、運動部でくたくたになるまで練習をしてようやく帰宅。泥だらけの靴を脱いで玄関を上がり、泥と汗でぐっしょりとしたくつ下を脱いで洗濯かごに放り込む…。

そんな状況の中で、洗濯かごに放り込む前にくつ下の匂いを思わず嗅いでしまい、「臭いっ！」となった経験はないでしょうか。絶対に臭いとわかっているのに、なぜだか匂いを嗅がずにはいられないのです。

それにしても、人はどうしてこんなことをしてしまうのでしょうか。

自分の匂いで周囲に不快な思いをさせないようにエチケットの意味で気をつけている人もいるでしょうが、じつは、本能的に嗅いでいる人も多くいます。

なぜなら、人間も動物の仲間です。生き物には自分の存在を確かめるために自分の匂いを嗅ぐ習性があるからです。

ですから、くつ下に限らず、1日中履いていたパンプスとか、汗まみれのTシャツとか、つい自分の匂いが強烈に染みついているものを嗅ぎたくなってしまうのです。

また、恋人の匂いを嗅ぎたくなるのも同じ心理です。動物は匂いで仲間や家族を見分けます。敵の匂いには警戒し、仲間の匂いには安心するという習性が人間にも残っているのです。

汗でびっしょりになった彼のTシャツを、彼女が「わぁ、汗臭い」と言いつつ「彼の匂いだ」と嗅いでしまうのも一種の好意の表れというわけです。

匂いを嗅ぐことで親しい関係であることを確認して安心感を得ているわけで、そんな時は「オレのことがそんなに好きなんだ」と受け止めるといいでしょう。

そのほか、脇の匂いを嗅ぐのが好き、足の裏の匂いを嗅ぐのが好きなど、いわゆる匂いフェチの人も動物としての本能がそうさせているのです。

相手が上着を脱いだら関係は一歩前進する⁉

何度も会って話をしているのに、なかなか心の距離が縮まらないような相手がいたとします。

そもそも他人同士ですから相性の良し悪しはあるでしょう。それでもビジネスの相手なら利害関係があるので割り切れますが、プライベートでのつき合いとなるとやはり寂しいものがあります。

あの手この手で距離感を詰めてみるものの、どうしてもよそよそしさが抜けない、こちらからもう打つ手はない…、そんな人が、もしあなたとの会話の中でスーツのジャケットや上着を脱ぐしぐさを見せたら、関係が一歩改善したと喜んでいいかもしれません。

服装は心理学的には一種の「武装」と考えられています。相手の前でそれをひとつでも脱ぐ、しかも脱ぐ行為を相手に見せるのは、少なくとも警戒心はないということの表れなのです。

そういう意味では、ネクタイをゆるめたり、ワイシャツのボタンをはずしたりするのも同様と考えていいでしょう。

心を許せない相手に対しては、誰でも必要以上に境界線を張ってしまうものです。それでも警戒心がなくなれば、心を許さないまでも緊張感はほぐれてきます。その心理が自然と上着を脱がせたり、シャツのボタンをはずさせたりするのです。

また、これが異性間の色恋の話で上着を脱ぐのが女性だとすれば、ずばり脈アリだと考えていいでしょう。

女性の武装は男性以上に強固ですから、あなたと2人きりで話している途中で上着を脱ぐのは、気を許した可能性が高いのです。

もちろん、ただ「暑かっただけ」という肩透かしを食らう場合もありますが、残念ながらその時は地道に口説くしかありません。

飲み会の席でかいがいしく世話をする人のホンネ

最近では若い世代を中心に飲みニケーション、つまり職場の人間と飲んで交流を深めることを嫌う人が多いと聞きます。

たしかに、今も昔も仕事が終われば「よし！今日も飲みに行くぞ！」とばかりに号令をかけ、やたらと飲みたがる「飲み会好き」は存在しています。

有無を言わさないような、そんな職場のムードに辟易としていた人にとって、昨今のこの風潮は大歓迎といったところではないでしょうか。

ただし、そうはいっても年末の忘年会や新人の歓迎会、はたまた同窓会など、必要に迫られて飲みの席に参加することはなきにしもあらずです。

そこで注目してほしいのが、宴の席でやたらとかいがいしく世話をするような人のことです。

参加することすら面倒な人にとって、こういうタイプは信じられないかもしれませんが、この手の人を単なる世話好きと思うのは間違っています。その行動の裏側には、「自分が酔って本心を見せたくない」という心理が隠されていることがあるからです。

たとえばグラスの空いている人に片っ端からお酌をしたり、運ばれてきた料理を取り分けたりと、ひたすらみんなのために動き回る。これは、自分が飲みすぎることを防御するための積極的行動です。

では、なぜ防御しなくてはならないかというと、飲んで乱れることで自分の中で抑圧されているホンネが出てしまうことを恐れているわけです。

その人がストレスを溜めているのか、それとも本心を誰にも見せたくないのかはわかりません。ただ、少なくともそこにいる人たちに自分の手の内はさらしたくないと考えているはずです。

では、そういう人に出くわしたらどうすればいいか。正解は、なすがままにお世話されること。それが波風を立てないベストな対応です。

3

「表情」

表に出てしまうこのサインを見逃すな！

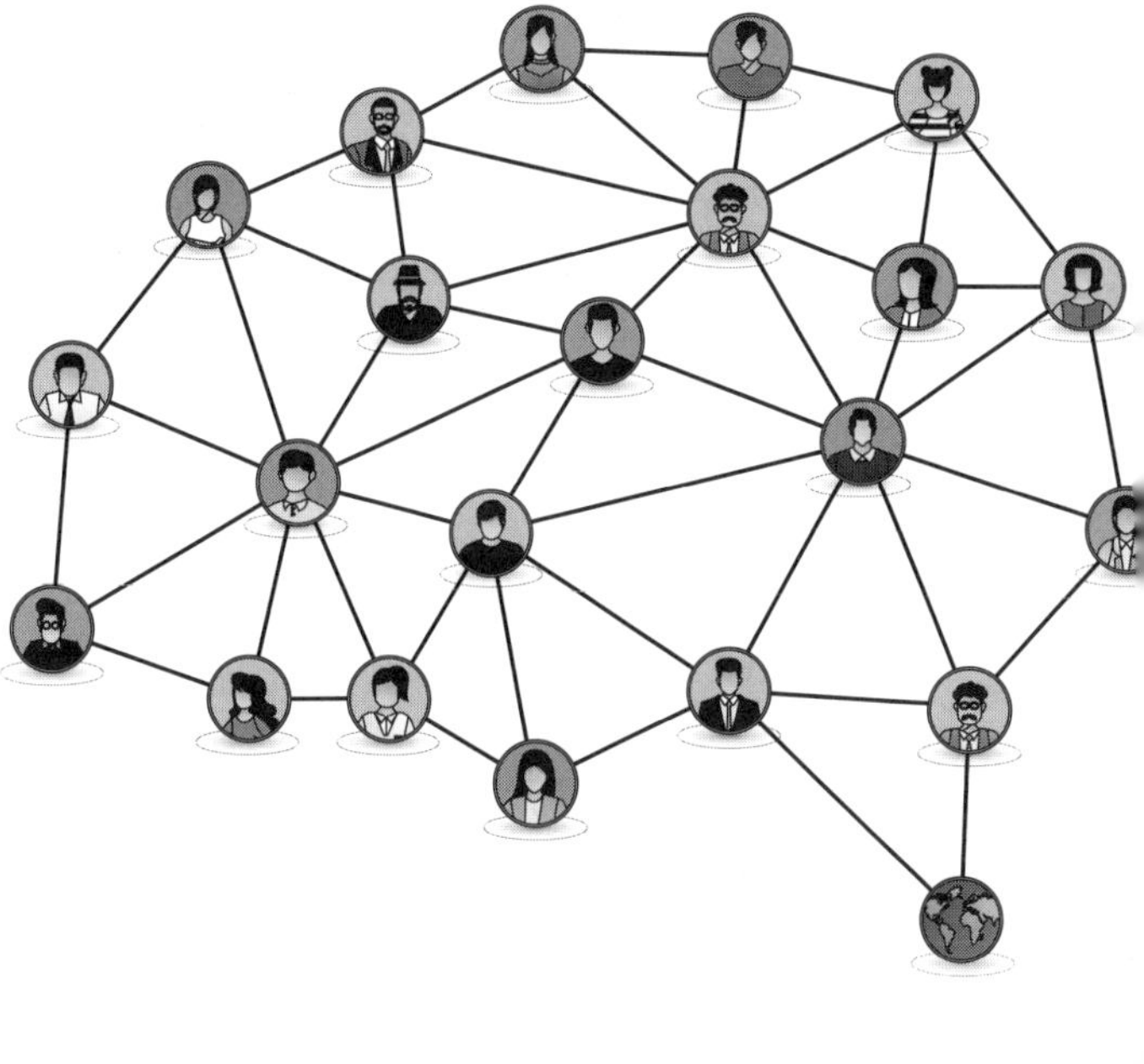

愛想笑いかそうでないかは大頬骨筋で確認できる

顔のシワが気になり、思いきり笑えないという女性が増えているといいます。そんな悩みに答えるべく、大手化粧品メーカーもシワ対策化粧品の開発に乗り出しているほどです。

しかし、世の中の多くの女性がシワを気にして笑うのを我慢しているのを知ってしまうと、一緒にいる身としては戸惑ってしまうのではないでしょうか。

楽しそうに微笑んではいるけれど、大笑いするのを我慢しているのか、それともつくり笑いなのか判断がつきません。

ただ、大笑いするのをこらえているのならまだしも、むしろ悲しいのは顔で笑って心で退屈していることです。

別におかしくも何ともないけれど、相手のご機嫌をとろうとして笑うことを愛想笑いといいますが、こっちが一生懸命おもしろいことを言っているつもりなのにそれがただの愛想笑いだったら浮かばれません。

しかし、本物の笑いか愛想笑いかを見極める方法はあります。それは、相手の頬骨をチェックするといいのです。

顔はさまざまな表情筋で覆われているのですが、その中でも笑った時に動くのが頬にある大頬骨筋《だいきょうこつきん》です。

この筋肉は目の下から口角までを覆っているので、心の底から笑うと頬骨あたりがグッと盛り上がります。これが、脳からの「おもしろい」や「楽しい」という信号を受けて笑っている時の表情です。

ところが、脳で感じていることとは裏腹に、とりあえず笑っておこうという場合は目が細まっていて口角も上がっているのですが、大頬骨筋は盛り上がっていません。

もしも、会話の途中に相手が無防備に破顔したら、それまでは笑うことを我慢していたのかもしれません。もっと笑わせましょう。

顔のココに視線を集める人は他人を支配したがっている

お互いに笑顔で会話をしていて、話の内容も当たり障りのないもので、どこにも敵対する要素がないのになぜかこの人といると緊張する――。

このようなワケのわからない緊張の原因は、じつは相手の視線のせいだったりします。

会話をしている時は、上半身から顔全体にかけての広い範囲を見ているのが自然な視線の動きで、相手に親近感を抱いている場合はもっと狭い両目と口の三角ゾーンに視線が集まります。

このような視線の動きをする相手ならいくら一緒にいても圧迫感も緊張感もなく、楽しい時間を過ごすことができるはずです。

ところが、話の内容にかかわらず一緒にいて疲れる人は、相手の両目と額の真ん中を結ぶ三角ゾーンで視線が動いています。

目を見ているかと思えば、眉間や額を見据えていたりして、その視線に何ともいえない圧迫感を感じるのです。

じつはこの部分は「権力ゾーン」と呼ばれていて、上司が部下に命令を下す時などに自然と見ているところでもあります。相手を支配したいという心理が働くと、権力ゾーンを見てしまうということなのでしょう。

だから、話の内容に当たり障りはなくても、相手を支配したい気持ちがあれば無意識に視線はそこに集まるのです。

ちなみに、眉間は攻撃されると生命に危険がおよぶ急所のひとつでもあります。名作マンガ『北斗の拳』でも、主人公のケンシロウが眉間にある秘孔を突いて敵を一撃するシーンがあるように、ここは人体の中でも弱い部分なのです。

無意識にそこを攻撃してくる人は、要注意人物なのかもしれません。

眉の動きで表情の奥の気持ちがわかる

楽しかったデートも終盤に差しかかった頃に突然、男性がポケットから指輪を取り出して「結婚してください」とやったらどうでしょうか。

そんなサプライズプロポーズに、どんな表情をするかで彼女の本心がわかるといいます。

もし、目を大きく見開いていて、両方の眉はこれ以上無理というところまで高く吊り上がり、そしてアゴは逆に落ちそうなほど下がって口が開いていたらこのプロポーズは成功だといっていいでしょう。

人は心底驚いた時、このような表情になるのです。いつか必ず結婚したいと願っていて、それが突然現実になった驚きが表情に表れているのです。

ところが、同じような驚きの表情を見せつつも、よく見ると両眉が吊り上がっていなかったらちょっとニュアンスは異なってきます。

　こちらはうれしい驚きというよりは、むしろびっくりしているという感じです。「えっ、マジで…?」「好きだけど結婚はちょっと…」といった戸惑いが含まれているのです。

　だから、きっと固まった表情のまま、この後どういうふうに返事をすればいいのかを必死で考えているはずです。この場合の返事はイエスかノーか、微妙なところです。

　また、驚きながら片方の眉だけが上がるのは胡散臭さを感じているサインです。「あなた、この間浮気がバレたばかりじゃない！　本気で私と結婚したいと思っているの⁉」と怒りの気持ちが含まれている可能性もあるのです。

　ちなみに、この心からの驚きの表情は少し間をおいてからゆっくりと顔に表れます。だから、あまりにもすぐに驚きの表情になるのは不自然です。

　もし彼女がそんな表情をしたら、サプライズを用意していたのがバレていて、それを隠すためにあえて演技をしたのかもしれません。

「よくうなずいてくれていたから納得してくれた」という誤解

うなずくというのは、「同意」とか「ＯＫ」の意思表示ですが、一方で緊張をしているというサインでもあります。

たとえば、大勢の前で話し慣れていない人が前に出てあいさつをする時などは、話しながら首をよく動かします。

「えー、今年度、書記を、担当する、ことになりました、○○と申します」と、句読点ごとに頭を前後に揺らすのです。

本人は無意識のうちにやっているのですが、聞いているほうから見ると自分で自分の言葉にうなずいているようにも見えます。

もちろんこのタイプの人は、１対１で話をしていて緊張している時も同じように首を動かします。相手が説明している間、ずっと動かしている人もいます。

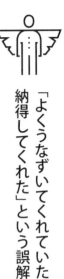

その様子を見ていると、話しているほうとしては「これだけ熱心にうなずいているのだからわかっているのだろう」と思ってしまいます。

しかし、この場合はただ機械的にうなずいているだけで、同意の意思表示ではないこともあります。わかってもらえたと安心していると、後々取り返しのつかない失敗につながることになるかもしれません。

では、ＯＫのうなずきと機械的で意味のないうなずきとの違いはどうやって区別すればいいでしょうか。それは、相手がうなずくタイミングです。

話の内容を理解し、納得してうなずいているなら、話の重要な部分でしっかりとした迷いのない首の動きが見られます。

しかし、緊張のためか話半分に聞いていて、あまり理解していなかったら変なところでうなずいているはずです。

相手が話と脈絡のないうなずきを連発していたら、その動きには意味はないとみたほうがいいでしょう。

本音をあぶり出すには、首の動きに注目する

欧米人は称賛や驚きの言葉を口にする時、よく首を横に振るというジェスチャーをします。

信じられないくらいに素晴らしかったと伝えたい時や、相手の才能に降参する時などに「アンビリーバボー（信じられない）」とか「ノーウェイ（ありえない）」とつぶやきながらゆっくりと首を左右に振るのです。その表情やしぐさからも嫌味な感じはまったく受けません。

ところが、日本人がほめる時にこのしぐさをしてしまうとなぜかちょっと嫌味に感じます。

それは、日本人は人をほめる時に「信じられないよ」とか「ありえない」などはあまり使わず、「スゴイ！」や「いいね！」などの称賛の言葉をよく使うから

です。

にもかかわらず、「スゴイ!」とか「いいね!」と言いつつ首を左右に振っていたら、それはソフトな否定表現だと思って間違いないでしょう。

「スゴイ!(あなたのような人がここまでやるなんて)」

「いいね!(悪くはないいね)」

「いやいや、すばらしかったよ(意外だよ)」

というような、上から目線のニュアンスが含まれているのです。

たしかにいいのだけれど、全面的には認めたくないという気持ちが含まれていることもあるでしょう。

しかも、首の動きが速かったら、口で言っていることとは裏腹の単なる社交辞令だったりすることもあります。素早く首を左右に振るのは「ノー」のサインだからです。

首の動きに注目すれば、ライバルの本音が見え隠れします。

ポーカーフェイスな人は臨機応変に対応するのが苦手？

ポーカーフェイスとは、心理戦で戦うトランプゲームの「ポーカー」から生まれた言葉です。

手持ちのカードの中身がばれないよう無表情をつくることですが、わざと驚いた顔をしてみたり、とぼけた顔をするのもアリです。

ところで、世の中にはゲームの最中でもないのにどんな時でも無表情を崩さない人がいますが、こちらのポーカーフェイスはまさに筋金入りといってもいいほどです。

ニコッと笑いかけて「おはようございます」とあいさつをしても意に介さないのか、相手のペースに乗ることはありません。

無表情で聞こえないくらいの小声であいさつをしながら通り過ぎ、他人と目を合わせることもほとんどありません。心が読みづらいタイプです。

アメリカの心理学者であるリッジオの研究によると、このように表情に乏しい人は神経質なタイプが多いといいます。

雑に物ごとを進めることができない性格で、適当に相槌を打ったり、臨機応変に対応するのが苦手なため、いきなり声をかけられたりすると混乱してしまうのです。

また、もともと表情が豊かではないので喜怒哀楽がないと思われがちですが、それは少し違っています。

神経質な人は繊細で、なかには感情の起伏が激しい人もいます。ゲームをしている時のように、じつは心の中では複雑な思いが交錯しているのかもしれません。ただ、それが表情に表れないので周囲の人はわかりづらいのです。

思いきって話しかけてみると、案外ただの引っ込み思案だけだったりするかもしれません。

思い出せない時に目を閉じるのは雑念をシャットアウトしたいから

「あれだよ、あれ！」

「なんだっけ？　思い出せない！」

年齢を重ねるとともに、どうしても人や場所の名前などをど忘れしやすくなるものです。

そんな時、人は無意識に目を閉じて頭上を見上げます。そして、眉間にシワを寄せてしばらく静かに考え込むのです。

こうすれば記憶の彼方に飛んでいったものがブーメランのように戻ってくるというわけではないのですが、なぜか老若男女の多くがこのポーズをとりたがります。

しかし、それにはちゃんとした意味があります。

まず顔を上に向けることで、周囲にいる人の視線から目をそらすことができるからです。そして、目を閉じれば完璧に視線を避けることができ、雑念もシャットアウトできます。

こうして周りの余計なものを排除することで、思い出すことに集中しようとしているのです。

またそうしておいて、瞼の裏に何か記憶をたどるフックになるものが浮かび上がってくるのを待っています。

たしか後輩の名前に似ていたはず…、「岩」とか「石」とかそういう固そうな字が入っていたんだが…と連想ゲームも繰り広げられます。

それでも思い出せなかったら、いよいよイスの背もたれにもたれかけて、反り返りながら四苦八苦し始めることでしょう。

そこまできたら、周りにいる人は席を外して人の気配も消したほうがいいかもしれません。

ひとり静かに記憶をたどることに没頭させてあげましょう。

ピンチの時に笑ってしまうのは
トラブル大好きの頼れる人

トラブルに出くわした時、その反応は人によってまちまちです。青ざめて黙ってしまう人もいれば、突然泣き出してしまう人、動揺したことを悟られまいと必死に無表情を装う人もいるでしょう。

そこで注目したいのが、笑顔だけでなく声を出して笑ってしまう人です。ショックのあまりどうかしてしまったのかと心配するかもしれませんが、心配ご無用です。このタイプの人たちは、トラブルが大好物なのです。

仕事などでトラブルが起きた時というのは、状況としては非常事態といえるでしょう。世の中には非常事態であればあるほど、燃えるタイプの人がいます。難局に対峙した時に、「さあ、どうやって切り抜けようか！」と血が騒いでしまうのです。

その結果、つい笑顔になったり、笑い声を立ててしまったりします。状況も考えずに不謹慎な人だなと思ったら、そこからの行動力が目を見張るものだったということになるのです。

まさに火事場の馬鹿力ともいえる力を発揮して、チーム全体を引っ張り、トラブルを率先して処理することができる能力を持っています。

惜しむらくは、この能力はピンチの時にだけ発揮されるということです。おそらく、ふだんは大ざっぱで詰めが甘いなどという評価をされていることが多いはずです。

細かいことは気にしない分、他人に対しても寛大であり、総じて嫌われることがないタイプなのですが、一緒に仕事をするなら日頃から細かい確認を怠らないなどの注意が必要でしょう。いくらトラブルに強くても、そのトラブルを自分で起こすようではハタ迷惑です。

とはいえ、予期せぬトラブルにはめっぽう強いムードメーカー的な存在になる人です。チームの中に1人くらいいると心強いことは間違いありません。

やたらと視線が合う人に思わせぶりな態度をとってはいけない

目は口ほどにものを言うといいますが、視線は時に雄弁に心の内を語っているものです。

ただし、一般にいわれているような気持ちを表現しているとは限りません。特に男性がやってしまいがちなのが、女性とよく「目が合う」ことを好意の表れだと勝手に解釈してしまうことです。

男性に比べて女性は視線を合わせることに基本的に抵抗がありません。目が合った時に、そのまま見つめ続ける時間も長くなります。

もちろん嫌いな相手であれば、視線を合わせることを避けるでしょうから、大きく分ければ好意の表れであることは間違いないのですが、恋愛感情の表れかというと必ずしもそうではないのです。

視線を合わせるのは、不安を感じている時や誰かにそばにいてほしいという「親和欲求」の表れです。この欲求が強いほど、目を合わせる回数が増え、視線が合う時間も長くなります。

つまり、視線がよく合うだけで「自分のことが好きなのでは?」と喜ぶのは、残念ですがフライングでしかありません。正確にいえば「どちらかといえば好意はあるみたいだから押してみる価値はあるかも」という程度です。

親和欲求が高い状態であれば、他人に対して心を開きやすくなっています。誰かと一緒にいたいという気持ちも強くなっているので、アプローチしだいで恋愛感情に発展することも十分に考えられます。

ただ、気をつけなければならないのは、視線を合わせてくる相手に対して恋愛感情がない時です。それなのに思わせぶりな態度をとっていると、親和欲求が高じて依存されるような状態になりかねません。

結果的に感情の行き違いから思わぬトラブルに発展することもあります。親和欲求が高い相手にはくれぐれも要注意なのです。

ペロッと舌を出すのは好意で
べーっと出すのは拒絶の表れ？

口元は隠している感情や、本心が垣間見えるパーツといわれます。そこで本来、口の中に隠れて見えない舌に注目すると面白いことがわかります。

たとえば、失敗した時に子どものようにペロッと舌を出す人がいますが、これは誰かれ構わず見せるしぐさではありません。じつはこれ、かなり打ち解けた相手にだけ見せるアクションなのです。

ふだんは隠れている部分というのは、気を許していない相手には見せることはできません。口の中に隠れている舌にも同じことがいえるのです。

特に女性は、好きな男性の前で可愛らしく舌を出すしぐさをする人がいます。まるでひと昔前の少女漫画のワンシーンのようですが、それを「カワイイな…」と感じてしまう男性がいるのも事実でしょう。

その一方で、あざとさを感じて「ぶりっこ」などと揶揄されることもあります。しかし、戦略的に使うことで特定の相手に親しみや愛らしさを演出できる鉄板ワザなのです。

ただし、同じように舌を出している場合でも、無意識のうちにちらっと舌先をのぞかせているならそこにはまったく違う別の心理が読み取れます。

これは集中力が高まった状態を表していて、「今は構わないでほしい」というサインになるのです。赤ちゃんがお母さんの母乳を飲む時、満腹を示すサインとして示す行動がその由来だという説もあります。いずれにしてもこのしぐさを見たら、邪魔をせずにそっとしておきましょう。

また、舌を突き出すようなしぐさには要注意です。子どもがよくやるアカンベーですが、相手に対する強い拒絶を表しています。この場合は、無意識ではなくかなり意識した行動になります。人目をはばからずに大人がやっている場合は、よほどの思いが込められていると覚えておいたほうが無難です。

バカ笑いする人は能天気ではなく繊細で協調性がある人

グループで話している時に、過剰なほどオーバーに高笑いしたり、些細なことでもバカ笑いする人がいます。

場を盛り上げるのには役に立ちますが、周囲からはわざとらしいとか能天気な人だなと思われてしまうことも多いようです。

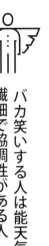

しぐさから受ける印象と、それに隠された心理が真逆になるということは心理学ではよくあることですが、社交性が高いように見える表情豊かなオーバーリアクションというのはその典型的なもので、自分の弱みや不安を悟られたくないという気持ちを表しています。

バカ笑いや高笑いが示唆するのもそのケースに当たります。このタイプの人は繊細で、場の重い空気には耐えることができません。それで率先して冗談を言ったり、些細な話にも過剰ともいえるほど反応してしまうのです。

それが上手く場を和ませればいいのですが、何ごともやり過ぎは禁物です。場を和ませるどころか、周りから浮いてしまってかえってシラケてしまうということもよくあります。

もしも友人や同僚の中にこのタイプの人がいたら、うまく合いの手を入れて浮かないようにしてあげましょう。

ただ、この手の人は斜に構えて場の雰囲気を壊したり、自分からは何も話題を振らないといった人たちに比べたら、純粋で協調性がある人だといえるでしょう。彼らが何よりも嫌う沈黙や深刻な雰囲気を取り除くことは、その集団にとってもマイナスなことではないはずです。

笑顔は人間関係を円滑にします。しかし、その笑顔にもさまざまな思いが隠されているのです。

バカ笑いを繰り返す人に対しては、一見能天気に見える行動の裏にある繊細さを理解することで、その人とのつき合いがもっとスムーズになるはずです。

視線の動きから「誠実」かどうか見抜く方法

誠実さというのは人間関係においては最も重要なポイントのひとつです。信頼関係を築くにも、ウソをつく相手とではうまくいきません。

では、たくさんの知人や同僚の中からウソや偽りのない誠実な人を見極めるにはどのようにすればいいのでしょうか。そのヒントが、視線の動きにあります。

答えづらい質問をした時の相手の視線の動きに注目してみると、その人の誠実さを推し測ることができるのです。

視線が右上に動くのは、見たことがないものや光景を想像して思い浮かべている時で、左上に動くのは過去の体験や見たことがある光景を思い出そうとしている時です。

たとえば、ちょっと苦手な共通の上司がいたとします。「○○部長のこと、どう思いますか？」とたずねてみましょう。

視線が右上に動くなら、本心ではなく当たり障りのないことを言ってごまかそうとしていると判断できます。逆に左上を向いているのなら、自分の考えを伝えようと思考を巡らせています。

もちろん絶対的な基準とはいえませんが、さまざまな状況から判断する際のひとつの要素にはなるでしょう。

また、万が一ウソをついてその場を切り抜けなければならない事態になったとしても、このことを知っていると、そのウソを見抜かれないように振る舞うことができます。

ウソをつく時に視線をできるだけ動かさず、気まずくてもあえて相手の目を正面から見て話すことができれば、信憑性はぐっと高まるのです。

なるべくなら使わないほうがいい禁じ手のひとつですが、ウソも方便です。長い人生の中では上手にウソをついたほうが丸く収まることもあるのです。

舌なめずりは説得のチャンスか
撤退のサインか？

誰かを説得する時には、相手の表情をよく観察して攻めるタイミングと退くタイミングを見逃さないようにしましょう。

では、表情のどこに注目すればいいかというと、なかでも唇の動きは見落とせないチェックポイントのひとつです。

なぜなら、人は物ごとに関心を示すと思わず舌なめずりをしてしまうことがあるからです。

これは、動物が獲物を目の前にした時に舌なめずりをするのと同じです。人間も動物ですから、好物や関心があるもの、どうしても手に入れたいものがある時には、本能的に反応して舌なめずりしてしまうことがあるのです。

ですから、説得したい相手がちらっとでも舌を覗かせて唇をなめたら、そこが攻め時です。相手がこちらの説得に関心を示して、乗り気になってきていると思ってていいでしょう。

こういう時には身を乗り出して目も興味深そうにしていて瞳孔が開いているものなので、ここぞとばかりに攻め落とすことです。

ただし、注意したいのはやたらペロペロと唇をなめている人の場合です。

頻繁に唇をなめてしまうのは、唇や口の中が渇いている証拠です。人は緊張や不安があると唇や口の中が渇いてきます。乾きを潤すために舌で唇をなめるしぐさが増えてしまうのです。

こういう場合、相手はこちらの説得を受け入れたくないと考えて緊張しているケースが考えられます。

こうなると、いくら説得しても断わられる可能性大です。その日はいったん退いて、次の機会に異なる方向から攻めて説得するほうが効率的でしょう。

その舌なめずりが説得のチャンスか撤退のサインかは、そのほかの表情やしぐさと合わせてトータルで判断するといいでしょう。

なぜあからさまに眉をひそめてしまうのか

「眉をひそめる」とは心配ごとや不愉快なことがあった時に顔をしかめる意味で使う言葉ですが、その言葉通り、気にくわないことがあると露骨に眉をひそめる人がいます。

こういう人は自信家で、常に自分が正しいと思っているタイプです。プライドが高くて人を見下しているので、相手のちょっとした失言や不愉快な言動が許せません。あからさまに感情を顔に出してしまうのです。

ふつう、大人になると少しくらい不愉快なことがあっても感情を表に出さず、眉をひそめることも慎むものです。

幼い子供なら自分の気にくわない時にプッと頬をふくらませて眉をひそめることはあっても、大人はその場の空気を読んで相手に腹が立ってもできるだけ負の感情を顔に出さないように努めます。

しかし、大人になっても眉をひそめる人には自己中心的なタイプが多く、その場の空気に合わせたり他人の気持ちを尊重したりはせずに自分の感情を優先にしてしまうのです。

こういう人が身近にいると周囲が気疲れします。何気ない発言でも眉をひそめられてしまうので、「何か気に障ることを言っちゃったかな」と気が気でなくなります。

挙句の果てに「今の発言の意図ってさ」なんて議論をふっかけられることもあるので、深く関わらないほうが無難です。

また、女性に多いのが、相談ごとや悩みごとを眉をひそめながら「うん、うん」と聞く人です。

こちらは逆に、相手への共感を示すために眉をひそめています。「私はこんなに真剣にあなたの話を聞いているのよ」という気持ちの表れなので、不愉快になっているわけではありません。

4

「しぐさ」

その「態度」を真に受けてはいけない

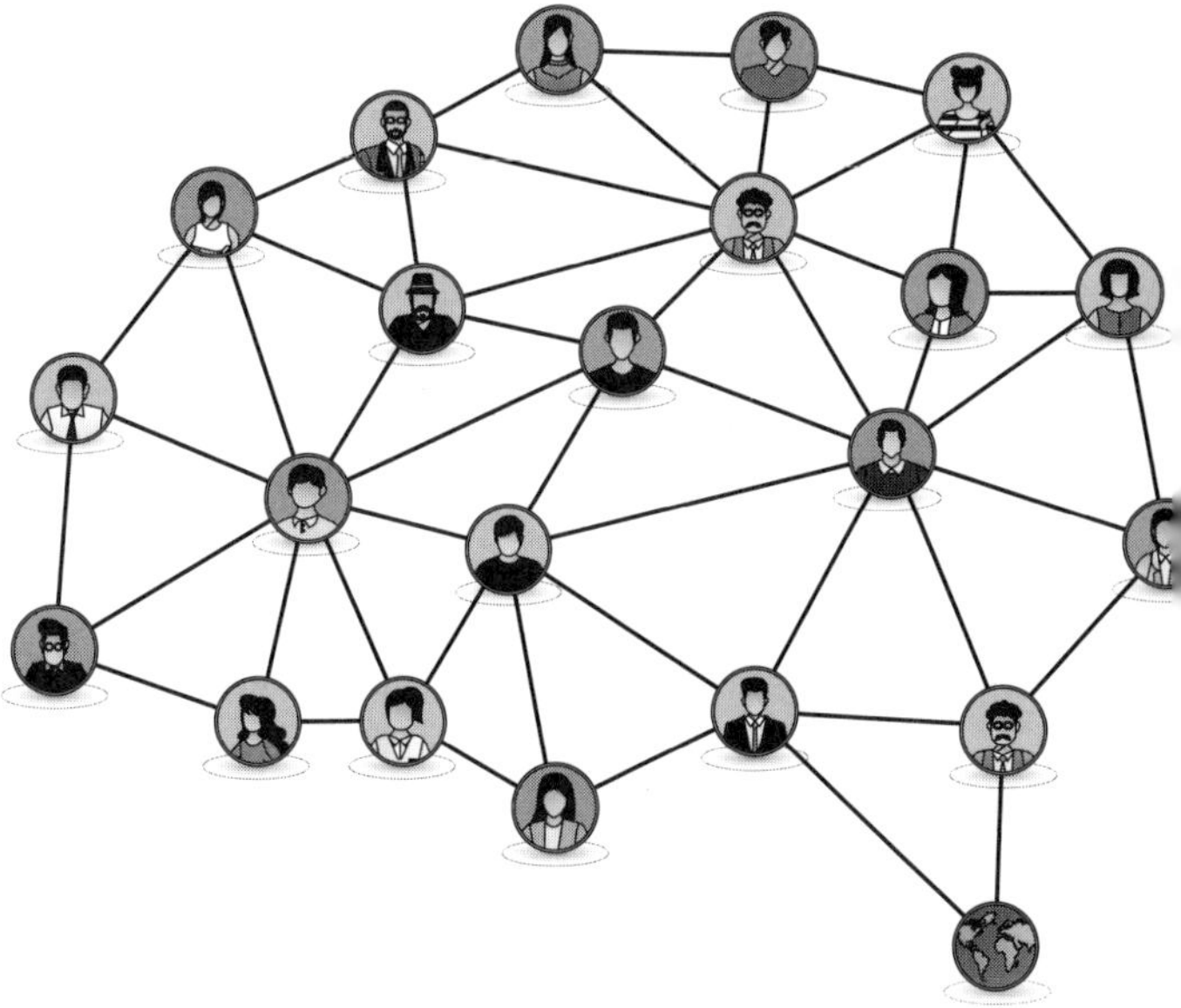

両足をしっかり閉じて座っている人の攻略法とは

座り方には、意外なほどその人の本音が表れるものです。

たとえば、両足をしっかりと閉じて座っている人は、こちらを警戒している可能性があります。表情や言葉では親しげに応じていても、足には相手を「シャットアウトしたい！」という本音がちゃんと表われているわけです。

交渉の場などでこういう人を説得しようとしても、話はうまく進みません。いきなり本題をぶつけるより前に、まず心を開いてもらうことが大切になります。

そのために効果的なのは、さりげなく持ち上げることです。「いいカバンをお持ちですね。本革ですよね。色合いも形も上品でいいですね」とか、「ゴルフがお得意だそうですね。この前もすごくいいスコアを出されたと聞いていますよ」などと、とにかく相手が喜んでくれそうなポイントを探すのです。

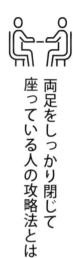

ほめられて嫌な気がする人なんていません。警戒しつつもやっぱり自慢したいのです。「使いこんでいるカバンでお恥ずかしいんですが、イタリアで思いきって買って…、愛着があるんです」や「下手の横好きですが、週末はだいたいゴルフをしていますよ」など、より滑らかな口調になるものです。

そうしてもしも相手が乗ってきたら、「なるほど、なるほど！」「それはすごい！」などと、巧みにあいづちを打って会話を盛り上げていきましょう。

そのうち気を許してくると、緊張して閉じていた足も徐々にリラックスして開いてきます。やがて両足を開いてゆったりと腰かけるような座り方になればしめたものです。姿勢も気持ちもリラックスして相手を受け入れやすい状態になっています。

そこでチャンスを逃さずに「そういえば、事前にお伝えしておいた件なのですが…」と本題に切り込んでください。こちらの申し出や説得に応じてくれる可能性が高くなるはずです。

自分の体を触っている人は欲求が満たされていない？

一緒にいる人が腕組みをしていたり、髪の毛をやたらといじったり、頬を両手で挟んだりといったしぐさを見せたら、その人は不安や緊張を感じているのかもしれません。

なぜなら、人は不安や緊張が高まってくると「誰かと一緒にいたい」「誰かに触れてもらいたい」という気持ちになるものだからです。

こうした心理を「親和欲求」といいますが、この親和欲求が高まっているのに実際には誰も触れようとしてくれない場合、人は無意識のうちに自分の体を自分で触って気持ちを落ち着けようとするのです。

冒頭の腕組みや髪の毛をいじる、頬を両手で挟むなどのしぐさも親和欲求が満たされないことへの代償行為で、「自己親密行動」と呼ばれるものです。

同じように、ぬいぐるみやクッションなどを抱きながら話す人も親和欲求が満たされていない可能性が考えられます。

だから、こういうしぐさを見たらその人の不安や緊張を和らげてあげるといいでしょう。

たとえば、数人でいる時にやたらと髪の毛をいじっている人がいたら、その人は会話の中にうまく入れずに緊張していたり、孤独を感じたりしているのかもしれません。そんな時には、さりげなく話をふるなどして、リラックスできる雰囲気をつくってあげるといいでしょう。

また、交渉の時に腕組みをされていたら、その内容に何か不安があるというサインかもしれません。そのまま話を進めてもうまくいかない可能性大です。まずは、不安の原因を探って取り除いてあげることが交渉を成功に導くコツです。

ただ、ひとつだけ気をつけたいのは、相手の親和欲求を満たしてあげようとして、やたらと馴れ馴れしくしたりボディタッチしたりすること。特に相手が異性の場合は、よけいに警戒されてセクハラだと思われかねないのでご注意を。

オーバーアクションは他人に認めてもらいたいサイン？

「この前もこんなことがあってさ」と、まるでその時の再現ＶＴＲでも演じるような芝居がかった身振り手振りで話をする人がいるものです。

両手をバンバンと大げさに叩いて笑ったり、飲食店では「おーい！　店員さん、こっちこっち！」なんてむやみに大声を出しながらオーバーアクションで店員を呼んだりします。

なかにはそこまでしなくてもいいのにと思うほどボディランゲージが大きい人もいますが、こういう人は自分の存在を他人に認めてもらいたいという「自己顕示欲」が強い人です。

つまり、〝自分はすごい〟というアピールを周囲の人たちにしたくてたまらない人というわけです。

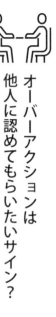

オスの孔雀が大きく羽根を広げてメスの注目を引こうとするように、身振り手振りを大きくして自分を大きく見せようとしているのです。「私を見て！」「オレに注目して！」という心理がしぐさに表れているのです。

こういう人と向き合うのは多少暑苦しく感じることもあるかもしれませんが、持ち上げてさえおけば機嫌がいい人です。

「〇〇さんの話はいつも最高に面白いですね」とか「えー！　すごい！　そんなことあるんですね」とか、多少大げさでもいいので適切なリアクションをとることができれば喜んでもらえるはずです。

目立ちたがり屋でサービス精神が旺盛なので、その場の〝中心〟になってもらえば飲み会などでは大いに盛り上げてくれることでしょう。

ただし、この手の人に間違っても悩みごとを相談してはいけません。

とにかく自分が主役になっていたいので、たとえ相談をしても「オレにもそういうことがあった！」と自分の話にすり変えるだけです。悩み相談はそっちのけで、本人の武勇伝を聞かされるハメになるかもしれません。

両手でカップを持つ人は演技派にして慎重派？

友人や会社の同僚らとコーヒーやお茶を飲む時には、相手がどんなふうにカップや湯呑みを持っているかに注目してみてください。

もし両手でカップを包むように持っていたら、その人は慎重な性格だと思っていいでしょう。心配症なところがあるので、無意識に「カップを落とさないように」とつい両手で持ってしまうのです。

こういう人は警戒心も人一倍強いので、カップを両手で持つしぐさが自分をガードする役割も果たしています。

これは腕組みをするのと同じ心理です。

たとえば、通勤電車の中で居眠りしている人が腕組みをしているのは、眠っている無防備な自分を周囲から守りたいという「防衛機制」の心理が働いています。

ですから、カップを両手で持っている人がいたら、初対面で緊張しているとか相手に苦手意識を持っているとか、何かしら同席している人に対して警戒していることが考えられます。

「これ以上、私のテリトリーに踏み込まないで」という無言の訴えなのかもしれないのです。

ただし、その人が女性の場合は違う心理が働いている可能性があります。それは、自分をできるだけ可愛らしく見せたいという女性特有の心理です。

体の前で両手を合わせるようなしぐさは、自分をより小さく可憐に見せることができるので、男性に「この女性を守ってあげたい」という保護本能を起こさせやすいといわれています。

両手でグラスを持ちながら「ちょっと酔っちゃったかも」なんて上目遣いで囁かれると、ダマされないぞと思いつつも、つい「可愛いなぁ」と目尻が下がってしまう男性が多いわけです。

生あくびが止まらない人はストレスがたまっている？

重要な会議など大切な時に限って、あくびが止まらずに困ったという経験はないでしょうか。

睡眠不足で眠気に襲われている時にはどうしても出てしまうものですが、しっかりと睡眠をとっていて眠くない時にも、なぜか「生あくび」が出てしまうことがあります。

こうしたあくびの原因は、ストレスや緊張、不安が高まっているせいなのかもしれません。

そもそもあくびは、血液の循環が悪くなるなどして脳への酸素の供給が少なくなってきた時に、脳が「もっと酸素がほしい」と命令することで起こります。ですから、体や脳が疲れている状態の時にあくびをしやすいのです。

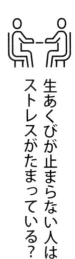

一方で、眠くもなくそれほど疲れてもいない時に出る生あくびは、自律神経が関係している場合があります。

ストレスや緊張が高まると自律神経が乱れて、寝ても疲れがとれなかったり、呼吸が浅くなってドキドキしたりします。そのため、脳が酸素を欲しくなり、止まらなくなるというわけです。冒頭のように重要な会議の時に限って生あくびが出てしまうのも、そのせいなのかもしれません。

ちなみに、最近では小学生にも生あくびをする子供が増えているそうですが、その原因のひとつはゲームやスマホなどを長時間することで脳が疲れる「テクノストレス」ではないかともいわれています。

大人も子供も生あくびを頻発している人がいたら、何かしら大きなストレスにさらされている可能性があるので、心身ともにリラックスできるようにして脳の緊張モードを解くようにするといいでしょう。

それでも止まらない時には、体の不調が原因の場合もあるので、病院で診てもらうなど注意が必要です。

「本音は足先に表れる」というのは本当か

目は口程にモノを言うといいますが、じつは足の先にもその人の隠された本音が如実に表れます。

テーブルの下などに隠れてしまうことも多いので、相手の足の先にまで注意を払わないという人も多いでしょうが、じつはそこが狙い目なのです。

なぜなら、人は表情や言葉ではうまく取り繕っても、足先までは本音を覆い隠せません。そこに、つい本音が出てしまうというわけです。

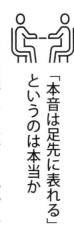

たとえば、合コンで右隣の男性のほうに顔を向けて話している女性がいたとします。しかし、その女性の膝から下の足先は左隣の男性のほうを向いています。

この場合、女性は右隣の男性と話しつつも、本心では「この右隣の人との話を早く終わらせたいなあ…。左隣の人のほうが好みのタイプだし。左隣の人ともっと話したい！」と思っている可能性大だといえます。

なぜなら、人は好意を抱いている人のほうへ自然と足の先が向いてしまうものだからです。顔は好きでもない人のほうへ向けていても、足の先にはしっかりと本音が透けて見えているのです。

ですから、合コンでお目当ての相手がいくら「うん、うん」と熱心に聞いてくれる素振りを見せたとしても、足の先がそっぽを向いていたら脈はないと思ったほうがいいでしょう。

これは立ち話をしている時にも同じことがいえます。相手の足先が自分以外の方向を向いていたら「早くこの場から立ち去りたい」と思っているはずです。

大きな仕事を抱えていたり、急いでいたりすることもあるかもしれないので、それに気がついたら早めに話を切り上げて、その場からさっさと解放してあげるのが心遣いというものです。

唇を触るクセがある人は甘えん坊だった⁉

ふだんはバリバリと仕事をこなす一見クールなビジネスパーソンでも、じつは他人への依存度が高い甘えん坊な一面を隠し持っていることがあります。

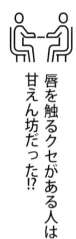

それを見極めるポイントのひとつは、唇を触るクセがあるかないかです。仕事中などに無意識に口元に手をやって唇をいじっているようなら、表面ではクールさを装っていても甘えん坊な可能性があります。

というのも、赤ちゃんの頃は唇を通して母親の乳房から栄養をもらい、同時に愛情や安心感を得ます。無意識に唇を触ってしまう人は、大人になってからもその時の感触や安らぎを求めていると考えられるからです。

つまり、どんなに表面的には強がって大人ぶっている人でも、精神的にまだまだ幼稚な部分が残っている証拠。本音では誰かに「甘えたい」「依存したい」と思っているわけです。

しかし、現実的には誰かに依存しようにもできない状況がほとんどなので、その代償行為として唇を触って安心感を得ようとしているのです。

特に、不安や緊張が高まった時や、寂しい時などはその気持ちを紛らわすために触ってしまいます。そんな人を見たら何か安心させるような言葉をかけてあげてもいいでしょう。

これは女性でも同じです。大人になっても唇を触るクセがある女性は、甘えん坊で、誰かに依存したいという願望が強い人です。

誰かに寄り添ってもらわないと生きていけないタイプが多いので、親しくなると「私、ひとりじゃできないから手伝って」とか「不安だから一緒に来て」などと、何かとつき合わされて振り回されることがありそうです。

しかも、これが恋人となるとよけいに甘えん坊になるのでそれが嬉しい人にはいいかもしれませんが、「ちょっと重いかな」という人は恋愛関係にならないほうが無難です。

鼻をやたらといじる人は隠しごとがあるから？

目の前の相手と話している時に、やたらと顔のパーツをいじっていたら何か隠しごとをしているのかもしれません。

特に鼻をいじっていたら要注意です。鼻をつまんだり、ポリポリとひっかいたり、鼻の下をこすってみたりと人それぞれですが、どれも疑わしい動作だと思って観察してみてください。

なぜなら、人は隠しごとをしている時に手が顔に触れる回数が増えるものだからです。

ウソをついていたり、隠しごとをしていたりすることが「自分の顔に表れてしまったら困る」という深層心理が働き、思わず顔を手で隠すような動作が多くなるというわけです。

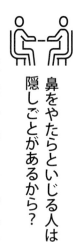

なかでも、鼻は正直者です。ウソをつくと鼻の穴が膨らんですぐにばれてしまうという人は多いですが、ウソをつくとなんだか鼻がムズムズしてくるという人も多いのです。

そのため、鼻をゴシゴシとこすったり、つまんで引っ張ってみたりと、本人も気づかないうちに鼻をいじる回数が増えてしまいます。

そのほか、ウソをついている口元を隠そうとしたり、目や眉をこすったり、メガネをかけている人はやたらとメガネの位置を直したりすることも同じ心理が働いていると考えられます。

もちろん花粉症やそのほかのアレルギー、風邪などで鼻や目がくしゃくしゃして辛いという人もいるでしょうから一概に疑うことはできません。

しかし、特に体調が悪そうでもないのにやたらと顔のパーツをいじっている時には「何か隠しごとがあるかも」と考えて、カマをかけてみるのもいいでしょう。

その結果、ますます鼻や口をいじる回数が増えるならクロです。「やはり怪しい」と考えて、相手の話を鵜呑みにしないほうがいいかもしれません。

時計ばかり見るクセがある人はイライラしやすい?

のんびりと歓談している最中にちらちらと時計ばかりを見る人がいます。同席している人にとってみれば「早く帰りたいのかな」「何か急ぎの用事でもあるのかな」と勘繰りたくもなります。

今は腕時計ではなくスマホの画面で時間を確認する人も多いのですが、こちらも同じこと。テーブルの上にいつもスマホを出して頻繁に画面（時間）を確認されると、一緒にいる人はなんだか落ち着かない気分になってきます。

こういう人はなぜ、やたらと時計を見るのでしょうか。

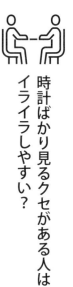

もちろん、このあとに予定が詰まっていて本当に時間を気にしているという場合もあります。

しかし、特に急ぎの予定があるわけでもないのなら、時計をいちいち見るのが

〝いつものクセ〟になっている場合があります。

こういう人は上昇志向が強く、日頃から仕事などのスケジュールを目いっぱい入れている人です。時間に追われる生活が続いているので、急ぎの用事がない日でもいつの間にか時間を気にするクセがついているのです。

無駄なことに時間を使いたくないという意識も人一倍強いので、周囲の人たちが噂話に花を咲かせているのに、「こんなくだらない話をして…」と心の中でイライラしています。そうした本音が時計を見るという行為に表れているわけです。

また、常に時間に追われているという切迫感からストレスもたまりやすいので、怒りっぽい性格の人が多いのも特徴です。

こういう人と話す時は、まわりくどい話し方やのんびりした口調は禁物です。「10分で終わるから」などと最初に伝えてから会話を始めるのもよし。できるだけ要点をまとめて伝えるようにするといいでしょう。

座席の真ん中に座る人は他人が近寄っても気にならない

電車の座席で人気の場所といえば、扉近くの端っこの席でしょう。ガラ空きの車両に乗り込んだ乗客の多くは、まずその席を狙っています。

ところでなぜ、端っこの席が人気なのかというと、電車という閉じられた空間の中でも、できれば他人との間に一定の距離を設けたいと思うからです。

これは「パーソナル・スペース」といって、人には他人に侵されたくない空間があり、その空間に見ず知らずの他人や親しくない相手が侵入してくると不快に感じます。

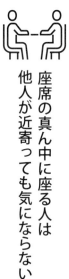

だから、せめて片側だけでも人と触れ合わずに済む端っこの席に真っ先に座りたいと思うのです。

しかし、なかにはあえて真ん中の席にデンと座る人がいます。どんなにほかの席が空いていても、真ん中の席を選びます。

このような人は、他人との距離感をあまり気にしません。他人が身近にドカドカと入り込んできても気にならない人なのです。そのうえ他人が感じている不安感にも気づかないのです。

でも、それが気になる人にとってはたまりません。お願いだからそれ以上近づかないでと言いたくなりますが、さすがにそれは口に出しては言えません。

そこで、もしパーソナル・スペースなど意に介さない相手が知り合いだったら、「今日は暑いですね。私、暑がりなんで…」などと言いながら距離を開けるしかありません。

反対に、まったく見ず知らずの人だったら、自ら率先して黙って離れていくしか手はないでしょう。

ペンやストローの端っこを噛む人は
ストレスフルな状態

小学生の頃、授業中や試験中に隣の席の生徒が鉛筆やシャープペンシルの端っこをガシガシと噛んでいるのを見たことがないでしょうか。

そういう子供の筆箱の中を覗いてみると、すべての鉛筆にみごとに歯形がついているものです。

しかし、小学生ならまだしも、社会人になってもペンの端っこを噛んでいるのはあまり格好のいいしぐさとはいえません。

このクセが出やすいのは、授業中や試験中に問題を解こうとしているのに答えがわからなかったり、仕事で企画を考えなくてはいけないのにいいアイデアが浮かばなかったりする時などです。

頑張っているのになかなか思い通りに進まずに「こんな問題も解けないなんて、

どうせ志望校には受からない」とか「これだけ知恵を絞って企画書を出したってどうせ通りっこない」などと苛立って攻撃的な気分になり、手近にあるモノを噛んでしまうのです。

こういう人はネガティブな性格の人が多く、物ごとを悲観的な方向に考えてしまいがちです。そのためストレスが溜まりやすく、イライラした気分になりやすいわけです。

ペンだけでなく、喫茶店などでストローの端を噛み潰してしまう人も同じ心理状態にあります。何かストレスや不満を抱えていたり、会話に飽きていたりするのでストローを噛んでストレスを解消しているのです。

このクセは乳児期の母親からの乳離れに関係があるともいわれています。安心感のある母親の乳房から引き離されたことで、成長してからはほかのモノを口に含んで安心感を得ようとしているのです。

いずれにしても、身近なモノを噛んでいる人はストレスフルな状態にあります。それを解消するためには気分転換をさせてあげることです。

権威を誇示したい人がとる後ろで手を組むポーズ

打ち合わせや会議の場で後頭部の後ろで手を組んでひじを左右に大きく張り、ふんぞり返っている人がいたら、その人がその場を仕切る支配権を持っていると考えていいでしょう。

このようなポーズを部下や若者がとっていたら、目上の人に対して失礼に当たります。なぜなら、このポーズをとれるのはその場で最も偉い人だけだからです。

では、なぜ後ろで手を組むのかといえば、これが権威を誇示するポーズにほかならないからです。

後ろで手を組むと、体の前面が無防備になります。体の前には心臓などの大切な臓器があるのでふつうなら隠したい場所です。

その部分をあえてノーガードの状態にするということは、無防備でも自分には誰も攻撃してこない、この場で自分に逆らえるヤツは誰ひとりいない、ということを誇示しているのです。

たとえば、独裁色の強い国家の大統領などが、国内を視察する時などに後ろで手を組んでゆったりと歩いて見せるのもこれと同じです。

その場を支配し、最も優位な立場にあるのは自分だということを周囲に知らしめるためのパフォーマンスなのです。

ですから、交渉の時などに取引先が後ろで手を組むポーズをとったら、その場を支配して取引を優位に進めようとしているのかもしれません。そんな時は、その策略にはまらないように自分も堂々としていることです。

ちなみに、こういうポーズをとる人はよほどの自信家のように思えますが、本心は裏腹な場合があります。

心の底では「周囲になめられたくない」「弱みを見せたくない」という不安があるので、それを隠すためにわざとハッタリをきかせて威圧的なポーズをとっていると考えられます。必要以上に恐れることはないのです。

思わず頭を抱えてしまう時の深層心理

悩みごとや心配ごとがあって、困り果ててしまった時に頭を抱え込む人は少なくないはずです。

実際、人は追い詰められた状況になると頭を抱えてしまいます。

たとえば、職場で予期せぬトラブルが発生して「いったいどうしたらいいんだ！」「もうおしまいだ！」なんて途方に暮れると、思わず頭を抱えるしぐさをしてしまう人も多いのではないでしょうか。

では、どうして頭を抱えてしまうのかというと、本能的に自分自身を防御して癒そうとしているのだと考えられます。

頭は体の中で最も大切な部分のひとつです。大きなショックを受けたり深刻な悩みごとに直面したりすると、本能的に身を守ろうとして大切な頭部を防御しようとするのです。

また、こうして頭を抱えて防御すると、幼い頃に母親に守られていたような安心感を得てショックを和らげることに役立ちます。

動揺した自分をなんとか冷静に鎮めようと、自分で自分を手当して癒そうとしているというわけです。

サッカーの試合で、アディショナルタイムに相手チームに逆転のゴールを許してしまったチームの選手が絶望的な表情をして頭を抱え込んでしまうのも同じ心理です。

ふだんはメンタルの強そうな選手でも、頭を抱えるポーズをしている時には「もうダメだ」というネガティブな考えに支配されそうになっているのです。

ワールドカップなどの国際大会を観ていても、さまざまな国の選手がこのポーズをしています。頭を抱えることで自分自身をショックから守ろうとするのは万国共通といえるでしょう。

指を組むしぐさからはどんなタイプかがわかる

話をしている相手が膝の上や机の上などで指を組むしぐさをしていたら、その指先に注目してみてください。なぜなら、その人の心理状態や性格などがわかるからです。

たとえば、祈るようなポーズで指を組んでいる時は緊張している証拠です。重要な打ち合わせに臨んでいたり、初対面で緊張していたりすると、ついぎゅっと指を組んで祈るポーズをしてしまうのです。

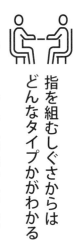

これは、自分で自分の体に触れて気持ちを落ち着かせようとしているためで、緊張が高まるほど指先には力が入ってしまいます。強く指を組んでいる人がいたら、緊張しやすいのでリラックスさせてあげるようにするといいでしょう。

また、指を組んだ時に右手の親指が上になっている人は、合理的で堅実な性格だと考えられます。

なぜなら、指の組み方と脳の働きとは密接な関係があるからです。右手の親指を上にして組む人は、「論理脳」といわれる左脳が発達しているとされています。

このタイプの人は物ごとの後先をしっかりと考え、着実に実行することができます。仕事でも計画的にコツコツと実績を積み上げていくことができるのは、この左脳派の人だといわれています。

一方で、左手の親指を上にして組む人は、いわゆる「直感脳」である右脳がよく働くタイプです。

奇抜なアイデアを思いつくなど、ひらめきに優れたクリエイターに多いのが特徴です。想像力に優れているので、新しい企画などを任せると実力を発揮するでしょう。

会議の席などで出席者の指の組み方を観察して、それぞれの性格や行動と照らし合わせてみるのも面白いかもしれません。

男性が思わず股間を隠してしまう時の心理とは

サッカーの試合を観ていると、フリーキックのシーンでファウルをしたチームの選手がゴールを阻むように壁をつくります。この時、壁になっている男性の選手のほとんどが股間を押さえています。

これは、ボールが急所に当たったら相当な痛みがあり、下手をすれば卒倒してしまうこともあるからです。

このようにフリーキックでは意識的に隠す大切な股間ですが、重要な会議や会合の場などを見渡してみると、無意識に両手で股間の辺りを隠すように立っている男性がちらほらいるはずです。

こういう人は、一見すると堂々としているようでも内心では緊張や不安が高まっています。

周囲に気を許せず警戒しているので、動物としての本能で自分の最も〝弱い部分〟である急所をなんとか守ろうとしているわけです。

股間の辺りでカバンの取っ手を両手で持っている男性もこれと同じです。緊張と不安を落ち着かせるために下腹部をカバンで隠しているのです。

このしぐさは、部下や若手社員にも多く見られます。上司や取引先のお偉いさんなどと同席して、「何かヘマをしたらどうしよう」と緊張がマックス状態になっている証拠です。

一方で、優位な立場にいる人は股間を隠すことなんてしません。心に余裕があり警戒する必要もないので、防御の気持ちが働かず、体の前面はノーガードなはずです。

会合の場で股間を隠している人がいたら、まずは緊張を解いてあげることが大切です。

その人が部下なら緊張から失敗を招くこともあるので、そんなに緊張することはないと伝えてリラックスさせてあげましょう。

大事な交渉で出てしまう「尖塔のポーズ」は何のサイン？

取引先との交渉中に相手が顔の前で指の腹を合わせて「尖塔のポーズ」をつくったら、気を引き締めて交渉に臨んだほうがいいでしょう。

尖塔のポーズとは、両手の指先だけをつき合わせて三角形をつくるポーズのことです。その形が尖った塔を表しているかのように見えることからそう呼ばれています。

このしぐさをするのは、自分の考え方や地位に絶対の自信を持っている自信家が多いといわれています。

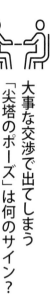

たとえば、社会的な地位の高い弁護士や医師、教授といった職業の人たちによく見られるポーズなのです。

ですから、交渉の相手が顔の前でこのポーズをつくっている時には、弱腰になってはいけません。こちらが少しでも自信がない様子を見せれば、相手はここぞとばかりに強気に出てきて言い負かされる可能性があります。

こういう人にプレゼンテーションをする時には、どこからつっこまれても明快に説明できるように、資料などを揃えるなど事前準備を怠らないようしておくことが必要です。

そのうえで、たとえハッタリをかましてでも自信満々な態度で臨むことです。そうすることで「この人はできる人だな」と、相手からの信頼も強まります。

また、ふだんの会話でもこのポーズをして訴えかけられると、相手はその人が言っていることを信用しやすくなります。

ちなみに、女性の前でこのポーズで話しかけると、自信に満ちて落ち着いた人物だという印象を与えることができるはずです。

タバコを吸うしぐさから わかるその人の性格

今やどこもかしこも禁煙で、喫煙者の中には肩身の狭い思いをしている人も多いでしょうが、周囲にタバコを吸っている人がいたら、ぜひタバコを吸うしぐさを観察してみてください。その人の心理や性格がわかることがあります。

たとえば、スパスパとひっきりなしに吸っているようなら、よほどストレスがたまってイライラしている状態です。

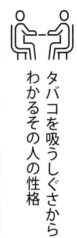

喫煙者はストレスや緊張、不安が高まると、ついタバコの本数が増えてしまいます。しかも、ものすごい勢いでタバコを吸い続けているようなら、ストレスはピークに達しています。

こういう時に「タバコをやめたほうがいいよ」なんてうっかり口にしようものなら、火に油を注ぐことになりかねません。イライラが爆発して八つ当たりされるかもしれないので近づかないことが賢明です。

こういう人に話しかけるとしたら、タバコの本数が目に見えて減ってきたことを確認してからのほうが無難でしょう。

また、タバコをくわえるしぐさからは、その人の性格がわかるという説があります。

タバコを左端でくわえる人や、唇の中央でくわえてタバコの先が下向きになっている人は、無理をしない堅実なタイプだといわれています。

用心深いところがあるので、仕事でもプライベートでも慎重に物ごとを進めていきます。

一方で、タバコを右端でくわえる人や、唇の中央でくわえてタバコの先が上向きになっている人は、仕事でも何でも大きなチャンスに賭けたがる勝負師タイプだといわれています。

チャレンジ精神が旺盛な反面、見栄っ張りで突っ走るところがあります。

お辞儀の仕方に見え隠れする その人の本音とは

日本人の挨拶として小さい頃から習慣になっているのがお辞儀です。社会人になってからは、新入社員のマナー研修でお辞儀のしかたを叩き込まれたという人もいるでしょう。

一般的なお辞儀は30度くらいの角度で上体を前方に傾けるのがマナーですが、その場の上下関係などが影響することもあります。

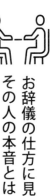

そのため、お辞儀のやり方はそれぞれ微妙に異なり、そこに本音が表れます。たとえば、必要以上に深々とお辞儀をしてくる人は、こちらをヨイショしようという魂胆が見え隠れします。

テレビの謝罪会見などで深々とお辞儀をしている人がいますが、あれは謝罪の気持ちを伝えようとするための一種のパフォーマンスです。また、お礼の気持ちを伝えたい時にも、お辞儀は通常より深くするものです。

しかし、謝罪やお礼の必要もない時に深く頭を下げるのは、「私はあなたに敬意を払っていますよ」ということを示したいためです。

自分がへりくだることで、あえて相手を優位な立場に立たせていい気分にさせようという意図が見え隠れしています。

こういう人は、プライドは高いものの、それをコントロールするのがうまい人です。「ここは頭を下げておいたほうが自分にとって都合がいい」と判断すれば、頭を深々と下げることもいといません。そのため、人間関係を良好に保つことが得意なタイプです。

一方、会釈程度にちょっとだけ頭を下げる人は自信家です。相手よりも自分が優位だと思い込んでいるので、よほど自分より立場が上な人か、一目置いた人以外には頭を深く下げようとしません。

こういう人は他人を見下している可能性があるので、交渉の時などはなめられないように注意したいものです。

腰に手を当てている人は内心で拒絶し、怒っている

ファッションショーでおなじみのポーズといえば、ランウェイの先端でモデルが腰に手を当ててヒジをグッと張る、あのキメポーズでしょう。

腰に手を当てると実際よりも体が大きく見えるので、身に着けている服をよりよく見せることができるのです。

このポーズはかっこよく見えるので、写真やプリクラを撮る際に大人から子供まで誰もがマネしたくなるようです。

しかし、人が腰に手を当てるのは写真を撮る時だけではありません。なかには腰に手を当てながら人の話を聞いている人もいます。

じつは、人と対面している時にこのポーズをとるのは拒絶しているというサインです。

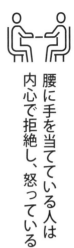

たとえば、店で販売員から商品の説明を聞いている人が腰に手を当てていたら、「私は買う気はない」「一方的に聞かされているのだ」という気持ちを言外に匂わせているのです。

こうしてエラそうな態度を示すことで、相手のペースに飲まれないように自分をセルフコントロールすることにもなります。

また、怒った時に腰に当てる人もいます。この場合は、両手を当ててより力強くヒジを張ります。

いくら言っても聞かない子供に堪忍袋が切れたお母さんをイメージするとわかりやすいでしょう。

こういう時は、まさにカミナリが落ちるといわれる怒り方をします。子供に自分の怖さを知らしめてやろうという気持ちがあるのです。

そのためには、できるだけ体を大きく見せて恐ろしげにするのが効果的です。だから、腰に手を当てて鬼の形相で子供を見下ろすのです。

このポーズには、子供をビビらせるのに十分な迫力があるのです。

何度も足を組み替える人は心に何かを抱えている

フォーマルな場でも足を組んで座ることがマナーであると教えられるアメリカ人と違って、日本では人前で足を組んで座るのは失礼とされています。

しかし、足を組むことがクセになっていて、椅子に座ったとたんに片足が持ち上がる人もいます。

一説によると、骨盤などが歪んでいる場合は足を組んだほうがバランスがとれるため、座っているのがラクなのだといいますが、しょっちゅう足を組み替えるのはちょっと理由が違うようです。

じつは、組んだ足を何度も組み替えるのは緊張の表れです。

たとえば、電車の中で足を何度も組み替えている人がいたら、もしかするとこれからはじめてのデートなのかもしれません。

リクルートスーツを着ている人だったら、面接に向かう途中ということも考えられます。

緊張しているとどうしても落ち着きがなくなってしまうものですが、それが足の動きに表れているのです。

また、一緒にいる相手が何度も足を組み替えていたら、何か言いづらいことがあるのかもしれません。

今言わなくてはならないのに、どうしても言えない、どう口火を切ればいいのかがわからない…。そんな悶々とした気持ちを抱えてストレスを感じて葛藤しているのです。

焦っていたり、イライラして気持ちが落ち着かない時も足元に変化を見てとることができます。たとえば、貧乏ゆすりも落ち着かない心の表れです。

だから、「何か、マズいことでもあった?」とズバリと聞いてみたら相手は動揺するかもしれません。

そんな時は、ストレスの元になっていることを吐き出させてあげましょう。

人があごをひいて上目遣いになった時何をうかがっているのか

理不尽な理由で子供が大人に怒られている時、いったいどのような態勢でどんな目つきをしているでしょうか。

まず、グッとあごを引いています。そして、上目遣いで相手をしっかりと見据えています。

猫や犬などが頭を下げて上目遣いになり、唸る時の態勢です。

こうすると、体の一番固い部分である前頭部をまっすぐに相手に向けることができます。もし敵が襲い掛かってきたら、最も固い部分で反撃しようと身構えているのです。

人間の場合は絶対に目をそらさず、何か言い返してやりたい気持ちを溜めこんでいるように見えます。

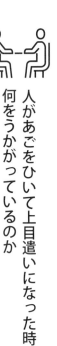

これは、軽いジャブを繰り出している時のボクサーの姿勢にも通じるものがあります。

あごを引いて上目遣いになっているのは、まさにチャンスがあれば攻撃してやろうというファイティングポーズなのです。

大人でも、時にこのような態勢になっていることがあります。交渉している相手に理不尽な条件を突きつけられている時などです。

なぜこんな条件を出してくるのだろうと考えながら黙って相手の言い分を聞いているのですが、まったく納得していません。

でも、子供のように黙って言われっぱなしというわけではありません。じっと相手を見ながら反論の機会をうかがっているのです。

もし、交渉している相手が急にこのような姿勢と目つきになったら勝負の時が迫っています。

冷静に、かつ心してかかりましょう。

イスに浅く座り続けている人はかなり相手を警戒している

きちんと座って姿勢をキープするためには、イスに浅く腰掛ければいいといいます。そうすると足の裏が床にしっかりと着くので骨盤が立ち、背筋もスッと自然に伸びるのです。

しかし、話を楽しんでいる相手が何時間もこの姿勢を保ち続けていたらどうでしょうか。

なんだか面接官にでもなったような気分になり、自分に心を開いていないのだろうかと感じるはずです。

それはあながち間違いではありません。

ずっとイスに浅く腰掛けて背筋を伸ばした姿勢を崩さない人は、何らかの理由で緊張と不安でいっぱいになっているのです。

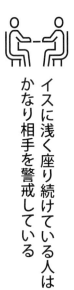

それでも、時間がたって話が弾んでくれれば、ふつうならしだいに姿勢は崩れてきます。

最初こそ、緊張して姿勢を正しくして座っていても話が盛り上がれば前のめりになってテーブルにヒジをついたり、笑いながら深く背もたれにもたれかかったりするのです。

このような変化は、それまで緊張でガチガチに固まっていた筋肉がほぐれ、すっかりリラックスしたという証といえます。

それなのに、どんなに相手が笑っていて会話を楽しんでいるように見えてもいっこうに姿勢が変わらないのであれば、もしかすると心を開いていないばかりではなく、強い警戒心を持たれているかもしれません。

どんなにリラックスさせようと冗談を飛ばしたり、笑わせても変わらないのであれば親しくなるのは至難の業です。

ここまで頑なな相手と、それ以上親密になろうなどとは考えないほうがいいでしょう。

5

「趣味と嗜好」

「好み」を見れば、人物タイプを推理できる

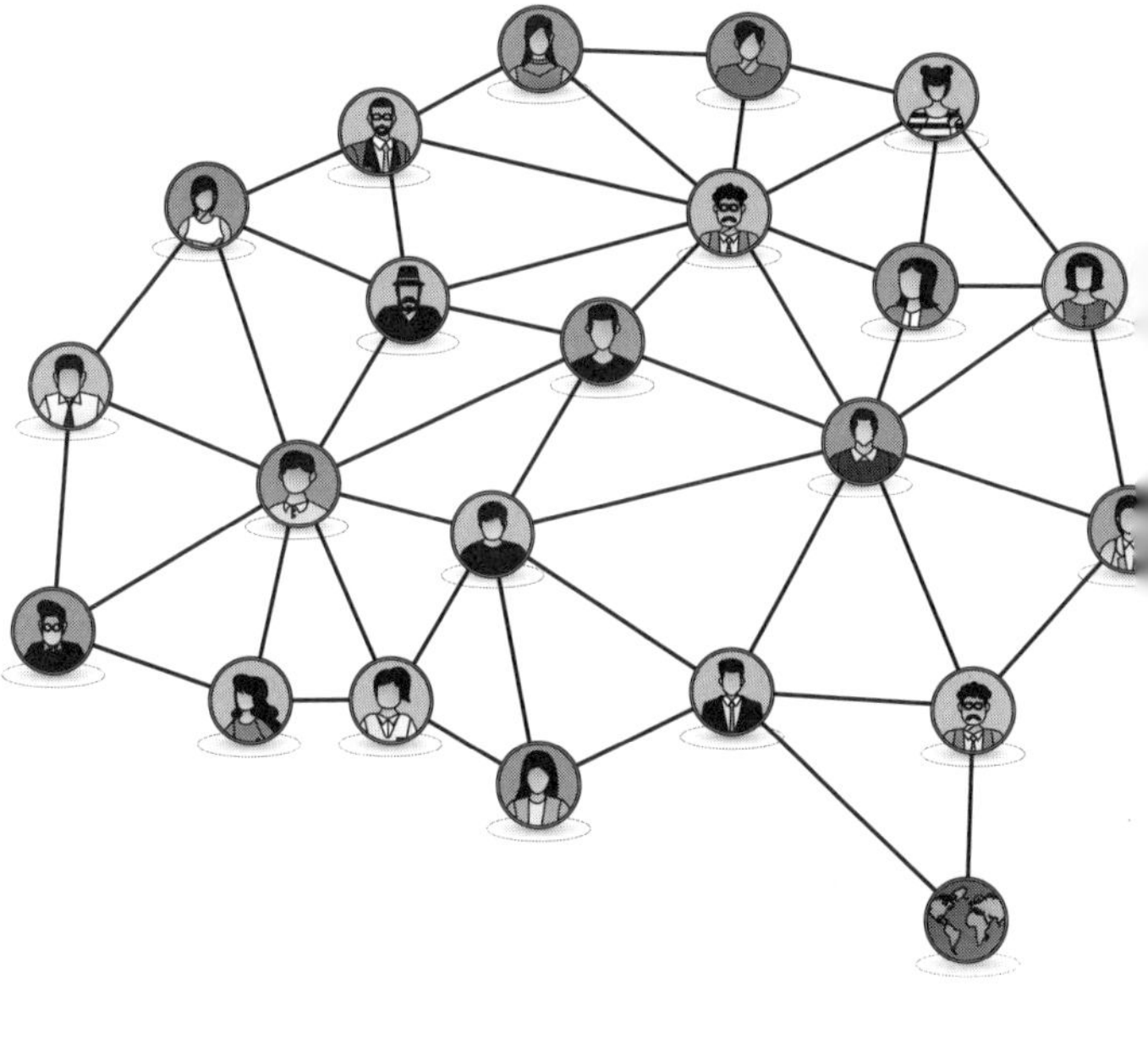

「食べもの」の好みを知るだけで、心の中を知る方法

世界でも有数のグルメ天国といえば、日本です。和食のみならず異国の料理を楽しめるレストランは無数にあり、コンビニのレベルも高い。間違いなく日本人の舌は世界で最も肥えているといえるでしょう。

とはいえ、食に対する考え方は千差万別。こだわりの強い人や無頓着な人までさまざまですが、そんな食の傾向にはその人の深層心理が隠されています。

たとえば、近頃ではインスタ映えする料理が人気ですが、こういうものを好んで注文し、写真を撮ってはせっせとＳＮＳにアップしているような人は、いうまでもなく「承認欲求」の強い人です。

常に他人から注目を浴びたいというタイプで、人に認めてもらうことで満足感を得ては悦に入ります。逆に、ちょっと無視されただけでも被害者意識を持って

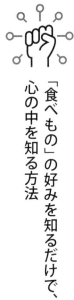

しまう、やっかいな一面もあることは否めません。

また、ラーメンやカレー、激辛料理など、特定の食べ物を偏愛する人は「探究心が強い」人です。ただし、好きなものには全力投球しますが、空気を読めないことも多く、職場などでは浮いた存在になりやすいのが難点です。

似たタイプにオーガニックや無農薬など、食の安全にとことんこだわる人がいますが、こちらはさらに「意識が高い」研究者タイプです。

何ごとも深く考察する努力家ですが、こだわりの強さと思い込みの激しさも人一倍なので、無用な討論などはあまり挑まないほうがいいかもしれません。

さらに、恋愛するうえで気をつけたいのは、ファストフードやジャンクフードばかりを好むタイプです。一般的には「食に無頓着」な人が多いのが特徴です。

この手の人はウエットな人間関係を嫌い、追われると逃げたくなる心理を持ち合わせています。およそロマンチックな恋愛関係とは縁遠いタイプなので、そこを期待するとガッカリさせられます。

「制服好き」に責任感が強い人が多いのはなぜか

日本で制服を着ている職業に従事している人はいったいどのくらいいるのでしょうか。

警察官や看護師、客室乗務員など、一目でその職業とわかる制服は少なくありません。また、日本にやってくる外国人旅行者は、バスやタクシーの運転手がネクタイを締めて白い手袋をつけていることに驚くといいます。

海外では運転手といえば、バスだろうがタクシーだろうがラフな服装をしている場合が多いので新鮮に映るのでしょう。

とはいえ、日本人でも制服と聞くだけで「同調圧力」を感じて反発する人もいます。とかく学生時代などは、みんなと同じ格好をさせられるのを嫌ってわざと規則違反をして着崩していた人も多いでしょう。

その一方で、制服というスタイルをやたらと好む人もいます。こういう人たちは、自分の制服だけでなく他の職業の制服も好意的に見る傾向があります。というのも、制服好きの人は制服を職業意識の高さと結びつけている人が多いからなのです。

消防士やパイロットの姿を想像すると、みな胸を張って堂々と歩いているイメージが浮かびます。制服は着ている側もおのずと自分の職業に誇りを持つ心理効果があるからでしょう。

このように制服姿に憧れる人は、自分の仕事に制服があろうとなかろうと、責任感を持って仕事に向き合っている人だといえるでしょう。

また心理学的に見ても、制服を着る職業の人は、ほかの制服を着る職種の人を尊敬しやすいという傾向があることがわかっています。

ちなみに、日本人が好きなコスプレについては変身願望が加わるので、これとはまた話が変わってきます。ですが、何かを身に着けることでプラスの意識が高まるという点は同じかもしれません。

トレンドに敏感な人の人間関係は「広く浅く」？

いつの時代にも世の中をリードしているのがトレンドです。

ファッションはもちろんのこと、スポットや食べ物、さらに言葉や行動にも流行りはありますが、その中には自然発生的に流行るものもあれば、意図的に仕掛けられているものもあります。

ファッションのトレンドなどはまさに後者の典型例で、ファッションブランド側が雑誌などのメディアを通して「今年はこの色が流行り」「これからくるのはこのスタイル」といったトレンドを広めることで世間に浸透させているともいわれています。

その一方で消費者側はそれに乗せられつつ、「今っぽい」とか「それはもう古い」と世間を見回しながら思い思いのスタイルを楽しんでいるのです。

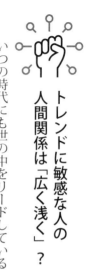

こうしたトレンドに敏感な人は一定数いますが、タイプ的には、よくいえばこだわりのない人、悪くいえばやや飽きっぽい人といえます。

流行りものには片っ端から手を出し、その間にほかのものが流行ればまたそちらに目がいく。文字通り、目の前を「流れ行く」ものを次から次へと追いかけます。

そのため、人づき合いも少人数でじっくりというよりは、広く浅くなりがちです。好奇心は旺盛なので、どんな人と接するのにも抵抗はありませんが、なかなか深いつき合いには発展しません。

逆に流行りモノを嫌う人もいます。こちらはどんな時もブレない自分の価値観を持った人といえますが、一方で世の中を斜に構えて見る傾向があります。ともすれば、流行りに敏感な人をバカにしたりするかもしれません。

自分に合ったスタイルに少しだけトレンドをプラスするのがファッションのコツともいわれますが、人間関係も価値観の合う仲間を持ちつつ、つき合いの幅を少しずつ広げるくらいがちょうどいい塩梅といえそうです。

商売の片腕に選びたい〝いつでもどこでもスニーカー女子〟

オフィスでカツカツとハイヒールのかかとを鳴らしながら歩く姿は、いかにも〝大人の女〟という雰囲気でカッコいいのですが、残念ながら女性の間でハイヒールを履く人は減少しています。

オフィスファッション、ひいてはファッション全体の多様化が理由だと考えられますが、たしかに女性側からすればハイヒールは見た目こそきれいですが、足にかかる負担が大きいので、履かずにすむなら履きたくないというのが本音でしょう。

その代わりというわけではないですが、いつでもどこでもスニーカーを履いている女性を見かけることが増えたような気がします。

男性なら珍しくはありませんが、女性はほかにかかとの低いパンプスやミュール、ブーツなど、ファッションや季節に合わせて選択肢がいろいろあるにもかかわらず、です。

このような〝スニーカー女子〟の長所は、なんといっても鈍感力です。

どんな場面でも歩きやすさを優先するのは、周囲の目に左右されていない証拠です。ハイヒールほどの無理をしなくても、ふつうはファッションに合わせて足元のおしゃれが気になるものですが、そんなことは二の次で、機能性を優先するということはいい意味で鈍感であると同時に、実利的なモノの考え方ができるということなのです。

したがって、仕事や商売の片腕にしてみると意外な才能を発揮するタイプといえるでしょう。

キャラクター柄のタイを選ぶ男は周囲へのアタリが強い⁉

近頃ではクールビズやウォームビズという言葉も定着して、カジュアルなファッションで通勤する男性が増えてきました。それでも、季節など関係なくスーツ以外はあり得ないという空気の職場もまだまだ多いことでしょう。

ところで、そんなスーツスタイルで最も個性が出るのはネクタイです。もちろん、ネクタイにも流行り廃りはありますが、基本的にはその人の好みや考え方が表れるアイテムだといえます。

パッと見て、地味で印象に残らないネクタイを選ぶ人は常識派で落ち着きのある人です。

ただ、その中には「ネクタイの柄ひとつで物ごとを判断されたくない」「ここは自己主張するべきところではない」という、ちょっと頑固な心理がはたらいている人もいます。

このタイプと、ただの常識派を見分けるポイントはずばり、結び方です。常識派はシンプルなプレーンノットで、時間帯によっては緩んでいたりすることもありますが、後者のタイプはダブルノットやスモールノットなど、ちょっと変わった結び方で独自のこだわりを持っていることがあります。そういう人は接し方にやや注意が必要です。

逆に派手な柄を好む人は、目立ちたがり屋かイケイケの野心派です。他人の目に留まることを望んでおり、何ごとにも積極的なタイプといえるでしょう。

また、誰もが知るようなキャラクターの柄や変わった生き物の柄のネクタイをしている人もたまにいますが、こういう人を「かわいい」「少年のよう」などとやや上から目線で見るのは危険です。

このタイプは「我が道を行く」人なので、他人の評価は気にしません。そのくせ、人に対しては平気で欠点を指摘するなど厳しい一面もあるので、そのあたりは警戒する必要があります。

ペットを溺愛する人は、じつは〝自分がかわいい〟人

だいぶ落ち着いてきたとはいえ、世間では今もペットブームが続いていますが、特に昨今は空前の〝猫ブーム〟ではないでしょうか。

写真集や猫柄のアイテムがバカ売れしているほか、猫がたくさん住む猫島なども国内外で人気です。

一方で、〝犬人気〟も負けてはいません。住宅事情もあり、相変わらずトイプードルなどの小型犬が定番ですが、秋田犬や柴犬などの日本犬も再び注目を集めています。

現在、日本では3世帯に1世帯がペットを飼っているといわれています。誰もが「我が家の子がいちばんかわいい」と信じていることでしょうが、なかには周囲が引くほど度を越した愛情を注いでいる人もいます。

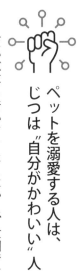

何万円もする有名ブランドの服を着せる、高級なペットフードを次から次へと与える、ペットの写真や動画を誰彼かまわず送りつける、人間顔負けの誕生パーティを開く…。ここまで溺愛している人は、ペット以上に自分に注目を集めたい人だといえます。

ペットを見てもらうことで、自分も見てもらう。この自己顕示欲は、ある意味ペット以上に自分を愛している自己愛から湧き出るものなのです。

ちなみに、あまりにエスカレートすると、今度はペット依存症にもつながっていきます。

ペット依存症になると、何をするにもペットを最優先するようになり、精神的にも全面的に頼るようになってしまいます。うまくいっているうちはいいですが、寿命がきて死んでしまうと、気持ちが落ち込んで日常生活を送れなくなる。つまり「ペットロス」に陥ることになるのです。

特に、無趣味な人や交友関係が希薄な人は要注意です。どんなにかわいくても、話し相手はペットだけ…というような日常はやはりいただけません。

意地でも帽子を取らない人はアピールが強め

おしゃれのアイテムにもいろいろありますが、老若男女問わず愛用されているものに帽子があります。

子供ならキャップ、若者ならニット帽、高齢の男女ならハットなど、それぞれのファッションにふさわしい帽子はちまたにあふれています。

しかしながら、帽子に関するマナーはそこまで浸透していません。

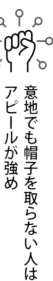

本来、帽子はコートなどと同じで、室内ではとるのが礼儀とされています。ですが、特に若い人のなかにはどんな時でも帽子をかぶったままの人がいるのが現状です。

目上の人に会った時や、食事中なども帽子を身に着けたままの人を見て、年配者が「脱帽しないとはマナーがなっていない」と眉をひそめるのはよくあることではないでしょうか。

では、どんな時でも帽子を取らない人とはどういうタイプなのか。それは、自分をアピールしたい人です。

帽子をかぶっている人は、それも含めてその日のファッションを成立させています。常識的にはそれでもＴＰＯに合わせて帽子を取るのが礼儀だと気づく人が大半ですが、なかにはあくまでも自分のファッションセンスをアピールしたい人が存在するのです。

こういう人に「取ったほうがいいですよ」と言うのは簡単ですが、ヘソを曲げられる可能性は大いにあります。というのも、マナー違反を指摘されたというよりも、自分のスタイルを否定されたように受け取ってしまうからです。

こんなことでその場がしらけるのももったいないし、常識的な人はみな暗黙のうちにわかっていることなので、スルーするのが無難でしょう。

もちろん、事情があって帽子を取ることに抵抗がある人もいるので、どうしても指摘したい人はそのあたりの配慮はお忘れなく。

行列に興味を示すのは気配り上手な人

通りを歩いていると、ずらっと人が列をなしているのを見かけることがあります。

たとえば、飲食店の前に行列ができていれば「人気店なんだな」とか「今日がオープン初日なのだろう」などと予想がつきますが、たまに「いったい何の行列なんだろう？」と思うものもあります。

面白いのは、その行列を目にした時の反応です。

ハナから気にも留めない人、気にはなるけど素通りする人、何だろう？と興味を示す人、なんだかわからないけど自分も並んでみる人、さまざまではないでしょうか。

この手の行列を好まない人にとっては、「流行りに乗りやすい人の集まり」に見えて滑稽かもしれませんし、「そこまでして欲しいものだろうか」と疑問が湧くかもしれませんが、なかには「自分は並ぶことはしないけど、この行列自体は気になる」という人もいます。

そのような興味を示す人は、ふだんから目端の利く人です。常に周囲の状況を気にかけ、他の人がどういう反応をしているのかをチェックしているし、他者への関心が強い分、状況に応じて自分の取るべき態度を考えられる気配り上手の素質を持っているといえるかもしれません。

これは行列でなくても同じです。

たとえば、事故現場などでは人だかりができますが、そんな時に「何があったんだろう?」と気にかける人は、「自分に何かできることはないだろうか」と自然に考えていることが多いのです。

当然、このタイプは日頃から人間関係を大切にします。クールな人から見ればややおせっかいに映ることもあるかもしれませんが、けっして悪気はないし、むしろ職場に1人や2人、いてくれると助かるタイプではないでしょうか。

見た目の印象には裏腹なキャラクターが隠れている

パーソナルカラーという言葉をご存じでしょうか。

これは肌や髪、瞳の色などで判断する、その人に似合う色のことです。ふだんからファッションに興味のある人なら、一度はネットなどで診断したことがある人もいるでしょう。

自分は水色やベージュなど淡い色が好きなのに、いざ身に着けてみるとどうもしっくりこない。こんな時は、自分の好みとパーソナルカラーが違っている可能性が高いのです。

しかし、いくら自分に似合う色だからといって好きでもない色の服を身に着けるのは、どうしても違和感がぬぐえません。やはり、自分の好きなものを着るのが一番だという人のほうが多いのではないでしょうか。

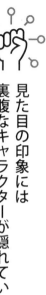

ファッションには、「こんな人になりたい」「こんなイメージで見られたい」という願望が投影されるといわれています。

たとえば黒や白、グレーといったモノトーンでスタイリッシュにキメている人は、「クールに見られたい」「ミステリアスな雰囲気を出したい」と思っているはずです。

ただ、それはあくまで願望ですから本来の姿とは異なることが多いのもまた事実です。本当は小さなことを気にしてしまう繊細な心の持ち主で、むしろクールとは真逆のウェットな性格だったりするのです。

逆に、多彩な色使いのコーディネートを好む人は、単なる目立ちたがり屋かと思いきや、一概にそうとはいえません。

派手なファッションに身を包むことで自分を守る、つまり自分に自信がないことの裏返しである可能性も高いのです。

ファッションは自分を守る鎧ともいえます。その内面には、見た目と正反対のキャラクターが隠されていることがあるというわけです。

カラオケに行くと その人の本性がわかる？

仲間うちで、あるいは会社の飲み会で誰でも一度は経験するのがカラオケです。よく、クルマの運転にはその人の性格が表れるといいますが、このカラオケにもその「人となり」が表れやすくなります。

たとえば、今流行っている歌ばかりを好んで歌う人は、ムードメーカーに違いありませんが、悪い言い方をすると調子に乗りやすい人です。

我先にとマイクを持って、人ウケのいいヒットソングを連発する。みんなを喜ばせようというサービス精神も旺盛ですが、それ以上に自分が気持ちよくなりたいタイプです。

誰もが知っている曲なので場をしらけさせることはありませんが、他の人が流行歌をうたうチャンスを奪っても平気でいられる無神経さもあるので、度がすぎると嫌われてしまいます。

逆に、誰も知らないようなマニアックな歌ばかりを選ぶ人はどうでしょうか。こちらは、周囲の反応には興味のない我が道を行くタイプです。場がしらけようと、空気が読めないと言われようと、自分の好きなものは譲りたくない頑固な一面を持ち合わせています。

とはいえ、何を言われても平気というほどタフでもなく、はっきりと「盛り上がらない」「つまらない」とヤジられると落ち込んだりもする、ナイーブなところもあるので周囲が温かく見守ってあげたいところです。

では、場の空気を読める人はどうか。参加者の年代に合わせた選曲ができ、なおかつきちんと歌える人は、順応性の高い優秀な人という見方もできますが、一方で打たれ弱さももっています。

挫折を知らないため、ちょっとしたつまずきで想像以上に凹んでしまうこともある、周囲に気はつかえる反面、残念な器用貧乏タイプです。

どこにでも私物を持ち込む人には近寄ってはいけないワケ

近頃では結婚しない「非婚派」も珍しくありませんが、その理由は人によってさまざまです。

「出会いがない」「子どもが好きじゃない」「家族を養うお金がない」などが定番でしょうが、その中でもわりと多いのが「自分の時間がなくなる」という理由です。

どんなに社交的な人でも、誰かと1日中顔を突き合わせているのは疲れるもの。1人でいる時間を必要とする人が、「結婚生活」というものをそういうイメージでとらえてしまえば、なるほど結婚などしたくなくなるのもわかるような気がします。

ところで、自分の時間を大切にする人は、同時に自分だけのテリトリーを守り

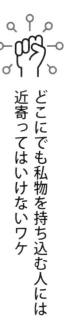

たい人でもあります。

こういう人は、たとえばオフィスに私物をやたらと持ち込んで、デスクの上にいっぱい並べていたりします。読みかけの本、マグカップ、写真立て、お気に入りのオブジェなどを飾り、あたかも自分の部屋のような居心地のいい場所をつくろうとするのです。

また、オフィスだけでなく愛車の中にもこだわりの品を持ち込み、自分好みの空間づくりに努めたりします。

人は誰でも他人と一定の距離を保ちたいという心理からパーソナル・スペースを持っていますが、こちらはそれよりも強い「縄張りの意識」からくるものでしょう。

動物でも自分の縄張りを荒らされれば攻撃的になりますが、このタイプの人たちも同じです。自分だけのテリトリーを侵されることを嫌うので、当然、誰かが勝手にデスクをいじったりすれば不快感を示し、場合によってはキレられることもあります。触らぬ神に祟りなしです。

「ゴシップ好き」に意外と優等生タイプが多い理由

ＳＮＳの普及もあってか、近年、ちまたでは有名人のゴシップがあふれかえっています。

政治家の不倫スキャンダルに、有名人の結婚や離婚、挙句は芸能事務所のゴタゴタなど、これまでは週刊誌やテレビのワイドショーで知るしかなかったものが、今ではＳＮＳや動画サイトに次々とまとめられ、真偽のほどはさておき、その気になればいくらでも情報を得ることができます。

また、リアルの人間関係においても、やたらとゴシップ好きな人に出くわすことがあります。

かつてゴシップ好きといえば、ワイドショーの放送時間帯にテレビを観ている主婦の専売特許でしたが、今はそうとは限りません。男女問わず、有名人のスキャンダルやゴシップに興味津々な人はそれなりに存在するのです。

この手のタイプは、ちょっとミーハーな野次馬気質で、ややもすると思慮が浅いイメージがありますが、意外にも実際は優等生タイプが多かったりします。

ゴシップ好きの人は、知らず知らずのうちに自分が事情通であることをアピールしています。そして、そこには「とっておきの情報をゲットした自分をほめてほしい」「みんながまだ知らない情報を提供していることを評価してほしい」という小さな願望が隠されています。

これは、優等生タイプがみんなに役立つような行いをして「すごいね」「えらいね」とほめてもらいたい心理によく似ています。

優等生とゴシップは対極にあるイメージですが、どちらにも「自尊心を満たす」という共通点があるのでそこには大きな差はありません。

こういう相手には、興味のない話でも「全然知らなかった」とか「よく知ってるね」などと感心してみせましょう。それが100点満点の受け答えです。

「会うたびに印象が違う人」ってどんな人？

毎日、職場で顔を突き合わせている人と、オフの場で会うとちょっとした違和感が生じることがありませんか。

その場合、違和感の原因はおおむね〝私服姿〟にあります。職場では男性も女性もスーツなどのオフィスファッションなので、その人のイメージはその姿で固定されています。ですから、あまりにも見慣れない姿に「この人、ふだんはこんな感じなんだ」となるわけです。

ただし、その私服姿も毎回イメージが違う人もいます。

最初に会った時はサーファーのようなラフなファッションだったのに、次に会った時はかっちりしたカジュアルなスーツ姿。思わず「同じ人なのかな？」と疑ってしまうほどガラッと変わっていたりすることもあります。

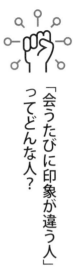

そういう人は、ファッションに興味があって毎回違うイメージに挑戦しているともいえますが、その裏側にはまだまだ成熟しきれていない精神年齢の低さが垣間見えます。

ヘアスタイルなどもそうですが、ある程度の年齢になってくると自分のイメージはだんだんと固まってくるものです。

50歳や60歳になっても、まだコロコロと髪型やファッションを変える人はそういません。それは自分も周囲もしっくりくる見た目や、金銭面での身の丈も含めて自分の中でファッションに対する価値観が定まっているからです。

その点、会うたびにイメージが変わるほどファッションセンスが激変したり、髪型を次から次へと変える人は、まだ自分という人間の価値観を見出せていないことになります。もっといえば、自らそれを拒否しているようなところもあるのです。

もちろん必ずしも悪いことではないでしょう。ただ、もしあなたが当事者なら、実年齢より自分の精神年齢は低めだと自覚する必要はあるかもしれません。

なじみの店が多いタイプは孤独な寂しがり屋さん

毎年のように叫ばれるのが「若者の○○離れ」というフレーズです。よく聞くのはクルマや酒、旅行などでしょうか。

それを裏づけるように、最近の個人の消費傾向は内向きだといわれています。食に関しても、「中食」や「家飲み」といった言葉がすっかり定着しているほど、外よりも自宅で楽しむ人が増えてきました。

しかし、そうはいっても、独身男性を中心に100%外食派の人もまだいるでしょう。そういう人は、行きつけの店がいくつかあるはずです。

職場周辺と自宅の近くに2〜3軒もあれば十分多いほうですが、なかには、なじみの店が異常なほど多い人もいます。

仲間うちで今夜は飲みに行こうとなった時に、「知ってる店があるから、そこへ行こう」とすぐにリストアップできる。そこが満席なら、じゃあこっちはどうかと、とにかく店をよく知っているのです。

実際に、あっちへ行っては「久しぶり！」、こっちを覗いては「今日、空いてる？」と常連ヅラをします。こういう人はさぞ社交的で根が明るいタイプなのかと思えば、実際はそうでもありません。素顔は人一倍、寂しがり屋さんであることが多いのです。

若い人の間で、1人ではカフェやファミレスに入れないという人がいますが、それとはちょっとタイプが異なります。なじみの店が多い人は、その店で自分がちゃんと覚えられているかどうかに安堵し、常連さんに「元気？」と声をかけられることに喜びを覚えるのです。

あらかじめ1人で食事をして感じる孤独と、知っている人に「誰でしたっけ？」とむげにされて感じる孤独では、寂しさの種類と次元が違います。

それが嫌だからこそ、なじみの店をたくさんつくってマメに顔を出すことで自分の居場所を見つけているというわけです。

“半額シール”が大好きな人は単なる倹約家ではない

安月給の若い世代や、子だくさんの家庭にとって生活費を切り詰めるのは当たり前のことです。特に主婦はチラシを見て、少しでも安いスーパーを駆け回って節約している人も多いことでしょう。

そんな人たちがありがたがるのが、閉店間際になるとぐっと値引きされる商品の数々です。

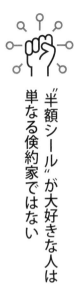

特に生モノや総菜など、その日に売り切らなくてはならないものには半額のシールが貼られ、定価よりもかなりお買い得になります。主婦でなくても、このような商品は大助かりですし、商品ロスにもひと役買っているといえるでしょう。

たいてい夕方以降のスーパーでは、主婦たちがそのシールが貼られるのを今か今かと待つような空気が生まれます。ただし、彼女たちをただの「ケチ」や「倹約家」でくるのは間違っています。

この行動からわかるのは、その人の「同調性」の高さです。

半額シールが貼られると、次から次へと客は手を伸ばしますが、ここで一緒に手を伸ばす人の中には「みんなが買っているから釣られて買っている人」も間違いなく含まれています。

周りに合わせて同じ行動をとって安心する。その本性は臆病で保守的な性格の持ち主です。だからこそ、ここぞという時の同調性はかなり高く、けっして和を乱すようなことはしません。

これと同じことは、お正月の福袋セールなどにもいえます。殺気立つ周囲の雰囲気に押されて、たいして必要ではないものもつい買ってしまう……。この手の安売りに無関心な人からすれば首をかしげる行動かもしれませんが、少なくとも欲の深い人ではないので温かい目で見守ってほしいものです。

6
「対人関係」
他人との距離の取り方に人の本性はあらわれる

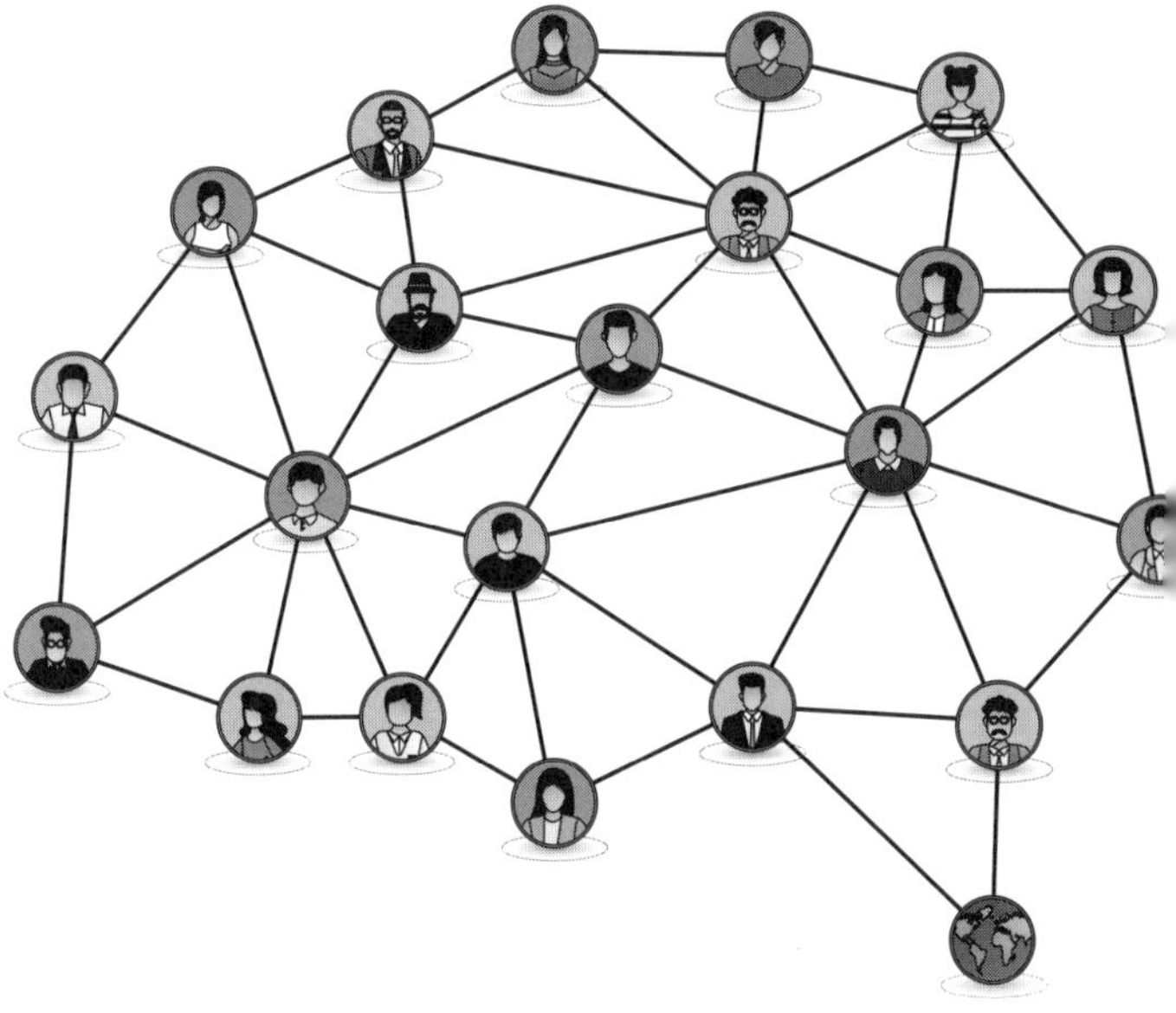

距離を縮めるのに効果的なプライベートのチラ見せ

学校のＰＴＡや昼間のスポーツクラブなど比較的女性が多く集まる場面では、たいしてつき合いも長くないはずなのにまるで旧知の仲のように会話が盛り上がるというケースをよく目にします。

女性同士では、それほど親しくなくても「うちのダンナが」とか「息子の成績が」とか、比較的プライベートな情報を気軽にやり取りする傾向があります。じつはここに、相手との距離を一気に縮める秘密があるのです。

これは、心理学で「開放性の法則」と呼ばれるものです。人間は他人のプライベートな側面に触れると、親しみを感じる傾向があるのです。

たとえば、ふだんは強面で無口な上司が子どもの写真を持ち歩いているのを知ったり、あまり打ち解けられないなと感じていた部下が「最近彼女とうまくいかなくて」などとグチってきたら、一気に親近感が湧くはずです。この人間心理は開放性の法則で説明がつくのです。

男性に比べてコミュニケーションの能力が高い女性たちは、自然とプライベートなことまで見せ合い、相手との距離をすぐに縮めることができるのです。

一方で、男性にとっては適度なプライベートの開示というのが意外と高いハードルになります。そこで、意識したいのがギャップです。

ふだん見せている顔と、プライベートな情報にギャップがあるほど、開放性の法則は効果的に働きます。仕事人間という自覚があるなら優しい父親としての一面、几帳面で隙がないイメージならプライベートでのちょっとした失敗談など、落差があればあるほどに効き目があります。

ただし、あくまでもプライベートの開示はやり過ぎてはいけません。何でもべらべら話してしまっては効果が薄れるだけでなく、ビジネスシーンでは話が脱線し過ぎてしまいます。ビジネスパーソンであれば、チラ見せするくらいがちょうどいいのです。

共通項を戦略的につくり出す クレーム処理のワザ

結婚を決めたカップルにその〝決め手〟についてたずねると、「共通の趣味を通じて」とか「共通点が多くて」というお決まりのフレーズが聞こえてきます。

共通点が多いというのはそれだけで親しみを覚えるものですが、これを戦略的に行うのが「ペーシング」と呼ばれる心理術です。

ペーシングとはペースを合わせるという意味で、やり方はじつに簡単です。基本になるのは、相手の動きに合わせるということです。

ペーシングが効果的に利用できる場面はいくつもありますが、ぜひ試してみたいのがクレーム処理の場面です。

クレーム処理の基本は、相手に共感することだといわれます。共感されていると感じた相手は、徐々に落ち着きを取り戻し、それまでとは打って変わって建設的な話ができるようになります。

まず、姿勢を合わせることから始まります。立ったり、座るだけでなく、足を置く位置なども同じように揃えた方がいいでしょう。もし、足を組んでいる場合は失礼にならない程度に組んでおきます。

姿勢や仕草は、鏡を見ているように真似をします。左に重心がある場合は右に重心をかけるといった感じです。ただしやり過ぎると相手が不審に思うので、たとえばコーヒーを飲むタイミングを合わせる程度で十分です。

表情や声のトーンも相手に合わせます。ただし、相手が感情的になっている場合は、それに合わせてはいけません。深刻そうな表情や声のトーンで、あくまでも冷静に「共感しています」と見せることが大切です。

怒りや悲しみの感情に共感してもらったと感じた相手は、逆に信頼感を抱くようになるはずです。ピンチをチャンスに変えることができるのがペーシングのワザなのです。

努力を評価されたいなら色眼鏡をかけてもらおう

世の中は不公平であふれています。同じことをしても評価される人もいれば批判される人もいるのが現実です。

同じような不祥事を起こしたタレントも、人によって叩かれたり叩かれなかったりということがあります。

不公平や不平等が動かしがたい現実ならば、得をする側に回りたいというのが人情でしょう。その際、大きく影響するのが「偏向の盲点」という心理作用です。

これはわかりやすくいえば、色眼鏡で見るということです。

たとえば、好きな人に対しては、いい情報ばかりが目につき、嫌いな相手に対してはネガティブなことばかりが聞こえてくるものです。

仮に同じ失敗をしても、好きな人ならそれまでいかに努力したかという点に注目し、嫌いな人なら失敗して当然というようなアラばかりを探してしまいます。

つまり、相手に好感を持ってもらえれば多少の失敗は問題にはならないし、自分が何もしなくても好意的な情報を積極的に集めてもらえるというわけなのです。

プライベートでもビジネスシーンでも、好きか嫌いかという感情に従って動く人は多いものです。

これが理不尽や不公平を生む原因のひとつなのですが、考えようによっては好かれてしまえばあとはOKということもいえます。

反対に、何をしても評価されないと感じているのなら、まずは好かれるような努力をしたほうがいいかもしれません。

正当な評価を受けたいと思うなら、地道な努力だけでは足りないこともあります。せっかくの努力を無駄にするのは、じつにもったいないことです。

馬鹿正直なやり方ではどうにもならないこともある以上、これは立派な処世術のひとつなのです。

短所をポジティブ変換する
リフレーミングでほめ上手になる

「ほめる」というのは、簡単なようで案外難しいものです。成績優秀で容姿端麗、どこからほめればいいか迷ってしまうような人ならともかく、それほど目立った長所が見当たらないとか、短所ばかりが目につくという人も多いでしょう。

それでもどうにかしてほめなければならないという時は、「リフレーミング」の技術を使ってみてください。

リフレーミングとは、「枠組みを変えて見方を変える」という心理術です。有名な事例としてよく挙げられるのは、コップに残った半分の水をもう半分しかないと見るか、まだ半分残っていると考えるかというものです。

同じ事象であっても、見方が違うと受ける印象は正反対になるのです。

ほめるときには、ネガティブワードをポジティブワードに変える必要があります。ふだんからリフレーミングを意識しておけば、それが自然にできるようになるはずです。

ミスが多くて雑な人は「大らかな人」、面白みのない人は「まじめで堅実」、気が弱く消極的な人は「繊細で慎重」というように、その人の持つ個性をポジティブに評価するよう心がけておきます。

心にもないような言葉でおだてられても心に響かないものですが、気にしている欠点をいいように評価されたら何倍も嬉しく感じるでしょう。

さらには、欠点をポジティブに見る習慣をつけることで、自然と相手への好感が生まれます。結果的にそのことが人間関係にプラスに働き、信頼関係を築くこともできるのです。

袖振り合うも多生の縁といいます。批判したり敬遠したりするのではなく、できるだけいいところを見るようにしたいものです。今まで知らなかった一面が垣間見えて、新しい友人関係をつくることができるかもしれません。

空気が読めない自覚があるなら
黙っているのが最善の策

ＫＹという言葉がかつて流行ったことがありましたが、今ではすっかり定着したようです。

ＫＹ、つまり空気が読めない人というのは、集団の中で浮いた存在になりがちです。逆に、空気が読める人は適応能力が高く、人間関係を上手に築いていくことができます。

空気が読める人のことを心理学用語では「高セルフモニター」と呼びます。自分のふるまいを客観的に意識することをセルフモニタリングというのですが、このスキルが高い人が高セルフモニターです。

高セルフモニターは、自分の好みに合わないものでも相手の気持ちを考えてほめることができます。つまらない話に笑顔であいづちを打てますし、興味がなくてもそのそぶりは見せません。

つまり、高セルフモニターは集団の中で主観だけでなく客観的な判断で行動することができる人です。その場の状況に応じて、どう振る舞えばうまくいくかということが自然に身についているのです。

逆に、セルフモニタリングの能力が低いタイプは自分の感情や判断を隠すことができず、たとえば誰かの手料理を「美味しくない」とか「嫌いな味」などとストレートに批判してしまうのです。

よくいえば素直で裏表がないのですが、大人の社会では時に致命的なミスにつながることがあります。ある程度自分を抑えることができなければ、集団生活においてはかなり厳しい道を歩くことになるでしょう。

言いたいことを言うし、それでどう評価されても構わないという人以外は、発言する前に少し考えるようにしたほうが無難です。

気の利いた言葉が浮かばなければ、黙っていればいいのです。少々気が利かないと思われても、その場の雰囲気を壊すよりはましでしょう。

自己卑下は自分だけでなく周りの人も下げてしまう

おおかたの日本人の感覚では、謙遜は美徳です。どんな偉業を成し遂げても、「私などまだまだ未熟です」「自分ひとりの力ではありません」という姿勢が評価される傾向にあります。

自分の能力や実績をストレートに口にする人は、〝ビッグマウス〟などといわれて叩かれてしまうのが日本社会の風潮です。

では、何から何まで謙遜していればいいのかといえば、それは違います。謙遜は一歩間違えると自己卑下につながってしまうのです。自分を卑下する人は、自分のことを見下して謙遜しているように見えるのですが、結果的に周りの人間も見下げてしまいます。

たとえば、「私の出身大学はFランクで」などと言った人がいたとします。この発言では、自分は優秀ではありませんということを言うだけでなく、出身大学やOBらまで卑下してしまっているのです。もし、その場に大学の関係者がいたら気分が悪くなるのは当然の結果でしょう。

しかも、自己卑下する傾向がある人はネガティブな発言が多くなるので、一緒にいてもあまり楽しくありません。自己卑下が続くと嫌みにも聞こえて励ますのも嫌になるばかりか、返す言葉に困ってしまいます。

上手に謙遜できる人というのは、単に自分を下げるのではなく周りの人や場の環境を高めることができます。「自分が成功したのは周囲の人たちの協力があってこそ」とか「○○さんを見習いたいです」などといえば、その場の雰囲気もよくなります。

とはいえグローバル化が進み、世界で活躍する日本人も増えてきました。謙遜が美徳というのも、ひと昔前の感覚になるかもしれません。

必要以上に自分を卑下することなく実績や能力はしっかりと主張していくのは、これから必要なスキルになっていくはずです。

無報酬のボランティアが究極の満足感を得られる理由

労働に対して報酬が支払われるのは、社会システムとしては当然のことです。

しかし、職業によってその報酬には大きな開きがあります。

ブルーカラーとホワイトカラーの間にも生涯賃金の差はありますし、同じ会社の中でも学歴や職種、役職によっても差が生じます。

もしも、収入の多さと満足感が単純に比例するとしたら、高収入の人は大満足で、低収入の人は不満だらけということになります。

しかし、これが事実ではないということは、自らの経験や周囲の人たちを見ても明らかではないでしょうか。高収入でも不満な人もいれば、薄給でも仕事に誇りを持って満足している人もいます。また、無報酬で働くボランティアたちは多くの場合、満足度が高いといえるでしょう。

心理学的に見るとこれは簡単に説明がつきます。アメリカのフェスティンガーという心理学者の唱えた「認知的不協和の理論」によれば、報酬が安いほど仕事に満足しやすい傾向があるのだといいます。

彼が行った心理実験において、同じ作業を時給20ドルで行うグループと時給1ドルで行うグループで比較した場合、仕事が楽しかったと答えたのは後者の時給1ドルのグループでした。

時給1ドルで働くグループの人たちは、「この作業は楽しいから、時給1ドルでもいいんだ」という気持ちになります。相場よりはるかに安い時給で働いているという状況に納得するために、自らの認知を強制的に変化させます。その結果、仕事に対する満足度が上がるのです。

この心理がマイナスに働くのが、ブラック企業といわれる会社に籍を置く人たちです。低賃金や残業の多さなどの労働条件の悪さに対して、「やりがい」という耳障りのいい言葉が目くらましになっています。やりがいという名のもとで自身を納得させ、そこから抜け出すことなく身を削ってしまうのです。

待ち合わせをすれば相手に尊重されているかどうかがわかる

日本人は行列が好きだとはよくいわれることです。休日ともなれば繁華街にある有名なレストランやカフェなどには長蛇の列ができます。テーマパークなどの人気のアトラクションでも、1時間、2時間待ちというのは当たり前という状況です。

なぜ、こんな長時間待てるのかというと、自分が望んでいるからという以外に、待つ対象に権威や威厳を感じているからです。

めったに行くことができない話題のカフェや、期間限定メニューのためには1時間でも待つことができます。それは、「希少性」に権威を感じているからです。

一方で、いくら好物でもいつでも食べられるファストフードのハンバーガーのために何十分も待てる人はあまりいないでしょう。

相手が食べ物やアトラクションではなく、人でも同様のことがいえます。部下や同僚が待ち合わせ時間に遅刻して来たら、それが数分であってもあまり気分はよくないものです。

しかし、めったに会うことができない尊敬する先輩や上司が相手だとしたらどうでしょうか。平常心のままで待っていられる時間は長くなるはずです。

この心理は、待たせる側にも当てはめることができます。つまり、待たせても平気な場合は相手を格下として見ています。もしも敬意を持っていたらけっして待たせないように努力するはずです。

待ち合わせというのは、力関係を如実に表しています。いつも待たされてばかりというのなら、相手に軽んじられていると判断したほうがいいでしょう。

また、つい遅刻しがちという人は、今一度自分を見つめてください。どこかに相手のことを軽視する気持ちがないでしょうか。

もし意図的でないなら、その行動は即刻改めるべきです。他人を軽んじる人間は、誰からも尊重してはもらえないのです。

コーヒーの差し入れが仕事のやりやすさをアップさせる

周りを見回すと、やたらと女性にモテるという人がいないでしょうか。イケメンだったり、仕事ができるなど、モテる要素は多々ありますが、贈り物上手というのも見逃せないポイントになります。

彼らはけっして高価なものを贈るわけではありません。もらった人が気を遣わない程度の、ちょっとしたものをプレゼントするのです。

これは、心理学的にじつに的を射た行動です。人間は何かをしてもらったりプレゼントされたりした時に、無意識のうちに同等のものを返さなければという気持ちになるのです。

つまり、高価なブランド品をもらってしまったら、同じくらい高価なものを返さなければならないという気持ちになってしまい、それが負担になってしまいます。モテる男性というのはそのことが本能的にわかっていて、相手の負担にならない程度の気軽に受け取れるプレゼントを選んでいるのです。

これをビジネスシーンに応用するとしたら、日頃から上司や同僚などにはちょっとしたものをプレゼントするようにしておくのがいいでしょう。

たとえば、自分の分と一緒にコーヒーを買ってきたり、出張のお土産としてそれほど値段の張らないお菓子などを買ってくる程度がちょうどいいはずです。「ごちそうさま！」と受け取れるくらいの気軽さがポイントになります。

1回1回は気軽に受け取っていても、無意識に「お返しをしたい」という気持ちが募ってきます。すると、仕事で助けてもらえたり、いい話を回してもらえたりという形になって自分のところに返ってくるはずです。

また、そんなことを聞くと同僚からのコーヒーの差し入れにも身構えてしまうかもしれませんが、その必要はありません。世の中は持ちつ持たれつでいいのです。好意の応酬ならむしろ積極的に行ったほうが、職場に活気が出るというものでしょう。

嫉妬心の予防には行きつけの店でグチるべし

子供の頃は自分の気持ちのままに泣いたり笑ったり、わがままを言ったりできた人も、大人になるにしたがって本当の気持ちをそのままストレートに表現することができなくなっていきます。社会性が備わったからともいえますが、ただ、それが過ぎると過度なストレスをため込むことにつながってしまいます。

ストレスは万病のもとといいますが、人間関係を壊してしまう事態を引き起こすこともあります。ストレスが、「過剰な嫉妬」を生む場合です。

言いたいこともいえずに本心を隠している人は、他人の成功に対して強い嫉妬心を抱く傾向があります。仕事でいい結果を出したり、恋人ができたりした同僚に対して、祝福するのではなくネガティブな妬みという感情を抱いてしまいます。

嫉妬心というのは、アメリカでは殺人事件の動機の第3位になるほど深刻なものです。また、嫉妬といえば女性の専売特許という認識の人も多いと思いますが、一説には男性が抱く嫉妬心は女性よりも強いといわれています。

自分の気持ちを表現するのが上手な女性に対し、男性は感情を素直に表現するのが不得手な人が多いのです。そのため、その反動が強い嫉妬心として表れてしまうのです。

対策はただひとつです。本音で話せる相手を見つけましょう。家族や友人などでは身近過ぎてなかなか弱みを見せられないなら、行きつけの店の店員などでもいいでしょう。

プライベートでのつながりがない相手なら、案外すんなり本心を打ち明けられるかもしれません。ちょっとしたグチを言ったり本音を漏らす相手としてはうってつけです。

嫉妬心にさいなまれるのはじつにイヤなものです。日頃から予防措置を講じておくのが自分のためにもなるのです。

自分の思考パターンを知れば長所を最大限に生かせる

いつも同じようなミスを繰り返したり、失敗をした時に言い訳を並べ立てる人がいます。これは、性格というよりも思考パターンが原因の場合もあります。

ミスの原因を究明しようとする際に、自分に落ち度があると考える人と、自分以外のものに原因があると考える人に分かれます。前者は「内的統制型」、後者は「外的統制型」の思考パターンを持っているといえるでしょう。

内的統制型の人は自分の責任を突き詰めて考えるために、同じようなミスは繰り返しにくくなります。しかし、自分を責めるあまりストレスをため込んだり、失敗を恐れて臆病になったりという側面も持っています。

そこへいくと外的統制型の人は、ささいなミスではくよくよしません。景気が悪いからとか、たまたま運が悪かっただけと悪びれずに考えることで、気持ちをさっと切り替えることができるのです。

ただ、自分の中の問題点を見つめることが不十分なので、同じようなミスを繰り返してしまう傾向があります。

どちらの思考パターンにも一長一短がありますが、それぞれの傾向を知っておくことで人間関係が築きやすくなるのは確かでしょう。

内的統制型の人とつき合う時には、必要以上に相手にプレッシャーをかけないほうがいいでしょうし、外的統制型の人と仕事をする際には、責任の所在をあらかじめ明確にしておくなどの自衛策が必要です。

また、自分自身がどちらの思考パターンかを知っておくのもいいでしょう。過去の失敗などを思い起こし、その際の自分の考え方や行動を分析してみるのです。

いずれにしても、短所になってしまう部分を過剰に意識するよりも長所になる要素を最大限に生かすほうがよほど建設的です。自分の持ち味を生かせば、仕事もプライベートも充実していくはずです。

世間話が人間関係を円滑にする心理学的な理由とは

プライベートでも仕事でも、まだ知り合って間もない人や初対面の相手と話す時はどんな話題がいいのか悩むものです。

親しくなりたいと思う気持ちが強い時ほど、つい自分のことばかり話してしまったり、強引に相手の内面に踏み込むようなことを聞いてしまったりしがちで、失敗することも多いでしょう。

心理学で「フット・イン・ザ・ドア・テクニック」という人心操作術があります。これは最初に相手が受け入れやすい要求をして徐々にその難易度を上げていくと、かなり難しい要求でも受け入れてもらえるというものですが、同様のことが会話においてもいえるのです。

心がけたいのは、「答えやすいこと」を話題にするということです。たとえばよく知らない間柄でも、趣味やスポーツなどの話や食べ物の話などであれば、あまり気負わずに話すことができます。

具体的には、オリンピックやワールドカップなどの時事的な話題から、近所の美味しいレストランや最近食べた流行のスイーツなどの身近な話題まで、誰しもが多少なりとも関心があるうえに、プライベートに踏み込まなくても話が続けられるというのがポイントです。当たり障りのない会話を続けるうちに、だんだんと相手の警戒心や緊張はほぐれてくるはずです。

雑談や世間話と呼ばれるこのジャンルの会話は、まったく意味がないようにみえて人間関係の緊張状態を緩めるという重要な役割があるのです。

そうして会話が弾むうちに、自然と少し突っ込んだ話ができるようになっていきます。それが繰り返されていくうちに、プライベートな会話や込み入った仕事の話でも腹を割って話すことができるでしょう。

人間関係は一足飛びに築けるものではありません。少しずつお互いのことを知り、理解し合い、打ち解け合って、さらに関係が深まっていくものなのです。

人間は〝ギャップに弱い〟からこそ、この攻略法が効く！

ツンデレという言葉が一時流行しましたが、これはツンツンしたクールな態度とデレデレと甘える態度を使い分けるありさまを表現した若者言葉です。人間関係の核心をついているやり方といえますが、わかりやすい言葉でいえば、人間はギャップに弱いということです。

この心理を利用すると、ここぞという場面でじつに効果的な態度をとることができます。

たとえば、新入社員の教育に関わっているとします。世代間の感覚の違いなのか個人の能力の差なのかはわかりませんが、スムーズにことが運ぶ優等生ばかりではないでしょう。「なぜできないの？」「昨日も同じことを言ったよね？」とつい小言も多くなってしまいます。

毎日のように怒られていると、相手は萎縮するか聞き流すようになってしまい、どちらにしても教育的効果はあまりないはずです。そこで、試したいのがツンデレ戦法なのです。

ふだんとは違うトーンで、優しい言葉や励ましの言葉をかけてみましょう。そのギャップに、「本当は私に期待してるんだ。私のためを思って言ってくれているんだ」と感じるはずです。ミスを叱る代わりに心情を思いやることで「心配をかけてはいけない！」と反省する気持ちが生まれるはずです。

ただし多用すると効果はなくなってしまうので、重要な局面でぜひ試してみるといいでしょう。

大切なのは、表面上の態度ではなく、内心から湧き出た行動であることです。

本心というのは言葉以上にちょっとした振る舞いに表れます。叱るにしても優しくするにしても、それが本心からでなければ相手には通じません。

ここぞというタイミングで見せる本心からの行動だからこそ、そこに生じるギャップにハッとするのです。

神経質な人こそ最高のビジネスパートナーになる⁉

仕事相手として紹介された人が神経質で細かいタイプだと知ったら、大半の人は「やりにくそうだな」と思うでしょう。たしかにつき合いやすい相手とはいえませんが、仕事相手に限った場合はじつにやりやすい相手です。

神経質な人には細かいこだわりポイントがありますが、逆に考えれば「私はこの点を重要に考えています！」とアピールしてくれているようなものなのです。

つまり、対応しなければならない攻略のポイントが丸わかりになっているので、どこから攻めればいいのか明らかなのです。

数字に細かい人ならば、細かいデータを資料につければ満足度が上がりますし、手順を重んじる人ならば、いつにも増して筋を通して物ごとを進めてみてください。

いちいち細かくチェックが入ると思いますが、それを恐れてはいけません。しっかり下準備すれば細かい突っ込みにも負けないはずです。

仮に答えに詰まる部分があるとしても、自分がこだわっているポイントに対して真剣に考えてくれたということが好印象を与えるのです。

そうすると信頼感は深くなっていき、いつの間にか代えがたい仕事仲間となって切磋琢磨するようになるはずです。

面倒なことは避けて通りたいのが人情です。人間関係でもつい当たりの柔らかいにこやかな相手とつき合いたくなるものです。

しかし、人間の表の顔と裏の顔は違うもので、本心を見極めて関係を深めるのはどんな場合でも難しいものなのです。

たしかに神経質な人はけっして積極的につき合いたい相手には見えませんが、探りを入れなくても攻略ポイントがはっきりしているという点では、案外つき合いやすいタイプといえるのです。

苦言を呈するなら今思いついた風を装うべし

その人のことを真剣に思っていれば、時には耳の痛いようなことも言わなくてはならないこともあります。ただし、どんなに親しい間柄であっても、伝え方を間違うと2人の関係にヒビを入れてしまうことにもなりかねません。

この時に肝に銘じておきたいのが、たとえ以前から気になっていたことであっても、それを微塵も感じさせてはならないということです。「今、思いついた！」と感じさせるくらいの気軽さを装ってさらりと伝えましょう。

深刻に構えてしまうと、相手にもそれが伝わります。その結果、その内容を必要以上に深刻に受け止めてしまい、「ずっとそんなふうに思われていたのか…」とショックを受けてしまうのです。

伝えたいのは直してほしいところや気をつけるべき点であり、それは相手のことを思えばこその行動です。

しかし、ショックを与えてしまうような伝え方では「悪く思われていた」という印象だけが残り、結局関係がぎくしゃくするだけで終わってしまうことも珍しいことではありません。これでは、本末転倒になってしまいます。

気軽すぎると伝わらないのではないかと思うかもしれませんが、指摘される方にとってはそれで十分です。家族でもない限り、欠点をストレートに指摘されるという場面はそんなに多くありません。

あえてネガティブなことを口にするというのは、よほどのことだなと察するはずです。言いづらいことをお互いに言い合える関係に感謝するでしょうし、そのことが2人の絆をより深めることにもつながるのです。

もちろん、なかには何を言っても伝わらないという人もいます。その場合は、いくら熱心に伝えたとしてもあまり意味はありません。伝え方で悩んだりする分、自分にとってマイナスになるだけです。

手痛い失敗をして気づくまで放っておくしかないのです。

自己中心的な印象を打ち消す「私たち」の絶大な効果

アメリカ合衆国のオバマ前大統領の有名なスローガンのひとつが「Yes, We can!」です。短くてストレートなメッセージが大衆の心をつかみ、圧倒的な支持を受けて建国史上初のアフリカ系大統領が誕生しました。そして、退任演説もこの言葉で締めくくるほど、象徴的なフレーズだったことは確かです。

このスローガンのポイントは、Weです。I、つまり私ではなく、〝私たち〟としたところが重要なのです。演説巧者といわれる著名人たちも、たびたびこの「私たち」というフレーズを効果的に利用してきました。

私たちというフレーズに込められているのは、利他主義、連帯感などのプラスのメッセージです。主語が違うだけなのに、そこに連なる文章から受ける印象はガラリと変わります。

たとえば、「私は○○が欲しい」「私はこうしたい」というフレーズを「私たちは○○が欲しい」「私たちはこうしたい」と替えてみるとどうでしょうか。

前者では、私が、私がと主張している、独りよがりで自己中心的な印象を受けてしまいます。

一方で、同じことを言っていても、主語が「私たち」に変わるだけで前者の自己中心的な印象から、自分のことだけでなく周りの人たちのことも考えているという真逆のイメージになるのがわかります。

オバマ前大統領をはじめとする政治家や著名人たちは、そのことを熟知していて、セルフイメージのコントロールに十分役立ててきたのです。

これは言葉の選び方ひとつで、イメージはいくらでも変えられるということのいい例です。少々自分勝手かなと思う主張をする時でも、主語が「私たち」になるように話をすれば、その印象が和らぐはずです。

ビジネスシーンでもプライベートでも、すぐに実行できる汎用性の高い便利な心理効果だといえるでしょう。

「選べない人」には二者択一を迫ればいい

優しさと優柔不断は紙一重といいますが、どちらでもいいようなことをいつまでも悩んでいて結論が出せない人は少々迷惑な存在かもしれません。しかし、見方を変えれば、自分の都合のいい結論に誘導できるチャンスともいえるのです。

誘導と聞けばイメージはよくありませんが、結論を出すために少しだけ手助けをすると考えればそれほど罪悪感はないでしょう。

〝選べない人〟というのは、第一に自分の欲するものがわかっていない場合が多いようです。テーマが抽象的であるほど、選択肢すら挙げられないという状況になってしまうのです。

今日のランチはどこで食べようかといった日常的なテーマでも、悩む人は悩みます。そんな時は極力、選択肢を絞って提示してあげましょう。ベストなのは、二者択一で選ばせることです。

まず、外食かテイクアウトか聞きます。外食と答えたとして、仮にイタリアンか中華かとたずねましょう。どちらも嫌なら、また二択です。和食かファストフードかなどの選択肢を挙げ続けるのです。

優柔不断な傾向がある人でも、選択肢が2つであれば、それほど迷わずに選べるはずです。質問に答えていくうちに、自分の希望が明確になっていき、結果的に満足できる結論を導き出すことができます。

こちら側のメリットとしては、2つの選択肢を挙げる時に自分にとって都合がいいものを提示することができることがあります。前述のケースなら、選択肢として挙げるものがすべて自分の食べたいものであれば、どれを選んでも自分の利益につながります。

相手の優柔不断さにつけ込んで有利な結論を導くこともできるわけですから、禁断の心理術ともいえます。しかし、それほど深刻な場面でなければちょっとした役得の範囲を出ない人心操作術でしょう。

誰も気づかないような
ささいな長所をほめると好感度が上がる

美人ばかりをオトすモテ男のテクニックとして、「美人は容姿をほめない」というものがあります。生まれついての美女というのは、幼い頃から「かわいいね」「きれいだね」とおだてられているために、今さら容姿をほめられたところで何の感慨もないのです。

ほめるべきは、容姿以外のことでできるだけささやかなことです。

たとえば、言葉遣いが美しいとか、時間を正確に守るとか、見過ごされがちなポイントをさらっとほめます。すると、「そんなことにも気づいてくれるんだ！」と一気に好感度が増すのです。

つまり、他人をほめる時には、誰でもすぐ気づくようなことを言っても効果が薄いのです。その前にまず、相手をよく観察することです。

人間にはさまざまな側面があり、一番目立つ長所以外にもたくさんのいいところが見つかるはずです。それを見つけてほめてあげることで、ほめられた人の喜びは何倍にもなります。それが、自分でも気づいていないようなことだったら、さらに嬉しさが増すことでしょう。

しつこいようですが、本当に些細なことでいいのです。机の上が整頓されている、電話の応対が優しい、食べ方がキレイ、いつも挨拶が気持ちいいなど、ちょっとしたことを「長所」として認定してあげましょう。

相手をじっと観察するということは、その人の新たな一面を知ることにつながります。それまで抱いていたマイナスの印象が変わったり、より深く信頼できるようになったりというメリットがあるはずです。

ささいなことをほめるということが人間関係を円滑にするうえ、互いに好感度が増すことでその場の雰囲気もよくなります。親しい仲であればつい忘れがちになってしまいますが、「ほめる」という行為が生み出す好循環はあなどれないものがあるのです。

小さな相談事を持ちかけて
リーダー気質の人を上手に利用する

歴史に名を残すのは、たとえば戦国武将や名宰相に代表されるようなカリスマ性のあるリーダーでしょう。いつの世にもリーダータイプの人間は一定数存在していて、さまざまな場所で集団を引っ張る役割を果たしています。

では、その他大勢となるリーダータイプ以外の人間は自分の意志を通すのもひと苦労かと思いきや、じつはそうでもありません。

リーダータイプの人には泣き所があって、頼られると弱いのです。「折り入って相談があるのですが…」などと相談ごとを持ちかけられると、何の得にならないことでもつい親身になって協力してしまいます。

その心理を上手に利用すれば、リーダーの権威を借りて集団を思うように動かすことができるというわけなのです。

リーダーというのは尊敬もされますが、時には批判の矢面に立つということもあります。そこへいくと、リーダーを思うように動かせる2番手以下のポジションにいれば、批判されることなく自分の利益を追求できるのです。

自分はリーダーの器ではないという自覚があるのなら、常にリーダーを立て、小さな相談をこまめに持ちかけ、そのポジションを確立するのです。

ただし、太鼓持ちになってはいけません。自分が有利になるように立ち回ることと、姑息な振る舞いをすることはイコールではありません。

目指すのは、黒田官兵衛のような戦国時代の名参謀です。武将たちの活躍は、名参謀抜きにあり得なかったことは史実が証明しています。

リーダーを支え、集団を導くリーダーの片腕と呼ばれる存在になりましょう。逆にいえば、優れたリーダーであっても、周囲にイエスマンしかいなければ成功を収めることはできません。

人間には持って生まれた器というものがあります。それを見極めて的確な行動をすることで自分自身の価値はどんどん高めることができるのです。

名前を口にするだけで親近感が生まれるのはなぜか

この世に生まれ、両親から最初に贈られるのが名前です。アイデンティティのひとつとして自分の存在に欠かせないものです。

とりわけ、女性にとって大きな意味があるのが下の名前です。自由度が増しているとはいえ、結婚することで夫の名字を選ぶ場合が多いため、多くの女性の場合は生まれた時から一緒なのは下の名前ということになるのです。

親しくなると、名字ではなく下の名前で呼び合うことも多くなります。男性にとっても、下の名前というのは、名字よりもずっとプライベートな情報ということができるでしょう。

親しくなりたい相手がいる場合は、このことが利用できます。名刺交換などをして下の名前を確認できたら、会話の中でさりげなくそれを織り交ぜるだけでいいのです。

「○○さんの名前の由来はどんなものなんですか？」「○○って、素敵な名前ですね」「私の友人にも○○がいますよ」といった具合に、当たり障りのない会話でかまいません。大切なのは名前を口にすることなのです。

プライベートな要素が強い下の名前を呼ばれることで、無意識に親近感が湧いてきます。その結果、簡単に距離を縮めることができるのです。

ただし、なれなれしいのは厳禁です。相手の名前に絡んだ話題の中でさりげなく口にするのがポイントです。潜在意識に親近感を刷り込むには、その程度でちょうどいいのです。

「これからは、○○さんって呼んでもいいですか？」などと、下の名前で呼び始めるのはやり過ぎです。親しくもない相手から下の名前で呼ばれたら戸惑うだけでなく、不快感すら抱かせてしまいかねません。これでは、親しくなるどころか警戒されるだけです。

説得力が急激に上がる「数字」のマジック

自分の言葉に説得力がないと感じているのなら、簡単に解決する方法があります。それは、「数字」を盛り込むことです。

説得力がない原因はいくつもあるでしょうが、大きな原因のひとつに「裏づけの乏しさ」が挙げられます。どんなに言葉を尽くしても、裏づけが示されなければ説得力は生まれないのです。

その裏づけを与えるのに効果的なのが、数字です。

たとえば、「利用者の購入単価が上がります」と言われるより、「利用者の購入単価が2割上がります」と言われるほうがより信頼できるのではないでしょうか。

その理由は、具体的だからです。さらに、数字には客観的で公正、動かしがたいものというイメージがあります。数字という要素を入れることで、話に具体性と信頼感というイメージを与えることができるのです。

しかも、補足としてそれを立証できるようなデータを示せれば完璧ですが、じつはそれはさほど重要なことではありません。

最初にあまり細かいデータを出しても、そこまではなかなか思考が追いつかないものです。詳細なデータを出していくのは、交渉がある程度進んでからで十分です。第一印象で具体的なイメージを与えて信頼してもらえれば話を有利に進めることができるのです。

また、相手があまり数字に強くないのであれば、説得する段階で盛り込む数字はハッタリでもかまいません。あくまでも説得力を出すためと割り切るなら、後からいくらでも修正できるからです。

数字に明るくない相手なら、詳細なデータを示す段階で数字を変えたとしても、出まかせでない限りは突っ込んでくることはまずないでしょう。

誠意のない数字を入れるのは気が引けてしまいますが、多少のハッタリをかますくらいは許容範囲です。数字の持つ力を上手に利用していきましょう。

具体的な体験談を語れば親近感が得られる？

ネットショッピング全盛の昨今で大きな力を持つのが商品レビューですが、読んでから購入を決めるという人はけっして少なくないはずです。利用者が実際に使ってどうだったかという情報は商品の売り上げを大きく左右します。

その影響力の大きさからレビューの書き込みを請け負う業者や販売主が書き込むケースもあり、公平性に疑問が投げかけられるケースも増えているようですが、なぜレビューがこれだけ大きな力を持つのかといえばズバリ、実際の体験談だからです。

商品を宣伝するキャッチコピーで長々と長所を並べ立てるよりも、「買ってよかったです！」「毎日使ってます！」などといった具体的なエピソードのほうが断然消費者の興味を引きつけます。

同じように、興味を引きたい、関心を持ってもらいたいという時は、体験談という実際のエピソードを盛り込むのがいいでしょう。

打ち合わせや会議を始める時のとっかかりとして、具体的なエピソードを話せば、その場にいるメンバーの注意はぐっと引きつけられます。さらに、そのエピソードが多少なりともプライベートに絡んだものなら申し分ないでしょう。

誰でも他人のプライベートには多少の興味があるもので、いきなり仕事の話をされるよりもずっと真剣に聞いてしまうのです。

振り返ってみれば、学生時代にどんなに長い話でも聞くことができた教師の授業というのは、その人のプライベートなエピソードが満載だったのではないでしょうか。聴衆を飽きさせず、興味を引き、印象に残る語り口は、ビジネスシーンにも応用できる匠のワザです。

また、体験談が持つもうひとつの効果として、プライベートな情報に触れたことで親近感も増すということがあります。興味を引きつけ、好感を抱かせるという離れワザをものの数分で実現してしまうのが体験談なのです。

頑固者には大義名分を掲げて迫れば力強い味方にできる

詐欺に引っかかりやすい典型的なタイプというのはいくつかありますが、そのひとつが頑固な人です。

自分の考えをガンとして曲げない頑固なタイプがなぜ詐欺に遭いやすいのかというと、自分だけはだまされないと思っているうえ、間違いを認められないという性格が災いするからです。

また頑固な人は、責任感が強くて大義名分を重んじるという傾向があります。

つまり、「家族のため」「みんなのため」「世の中のため」といったフレーズに弱いのです。

詐欺師から見れば、そこがつけ込みやすいポイントになります。大義名分を掲げて説得され、いったん信用してしまったら最後、いくら周りの人が「騙されているのでは？」と心配しても絶対に認めないのです。

こんな身近にいる頑固者の扱いに困ったら、ぜひこのテクニックを思い出しましょう。訴求ポイントは、大義名分です。

「この方法なら環境にも優しいし、世界標準にも合っています」「この製品はご家族の健康のためにはとても役に立つと思いますよ」などと、責任感や正義感に訴えたロジックが効果的なのです。

また、頑固な人というのは、周囲から厄介な人という認識をされて、敬遠されがちという状況も多いはずです。そこへ、その人の本質を見極めて、自尊心をくすぐるような対応で接することができたら思いのほか好意的に受け入れられるはずです。

物ごとには両面があるように、頑固さは誠実な人柄の裏返しともいえます。やみくもに避けるのではなく、対応のしかたを工夫すれば良好な関係が築けます。

いったん味方につけてしまえば、このうえなく頼りになるのもこのタイプです。

欠点を指摘するなら「誰かの話」にするといい

どんなに立派な人でも、欠点のない人はいません。いくら完璧に見えても、ささいな欠点を挙げればきりがないでしょうし、その欠点こそが長所の裏返しになっている場合も多々あります。

欠点も含めてその人自身なのですが、特にビジネスシーンではあえてその人の欠点を指摘しなければならないことがあります。

いくら当たっていても自分の欠点を指摘されて嬉しい人は少ないでしょう。もちろん、指摘するほうにとっても嬉しい作業とはいえません。一歩間違えれば、その後の関係が悪くなってしまう危険もあります。

そんな時は、他の誰かの批判にすり替えて語るのが賢いやり方です。

「最近、職場でゴミをきちんと捨てない人がいて困っているんだ」「上司や取引先に敬語を使わない部下がいるんだよね」というように、あくまでも第三者への批判という形で、その人の欠点を指摘するのです。

最初はピンとこない様子でも、話すうちに思い当たることがあれば我が身を振り返って反省するはずです。

少々まどろっこしいようにも思いますが、人間関係にヒビを入れずに欠点を指摘するためには、このくらいの慎重さはあってもいいでしょう。

では、これでも気づかないようならどうすればいいかということになりますが、その場合はある程度はっきり言ってもいいかもしれません。

ただし、あまりにも一方的に責めるような言い方はせず、「ゴミを捨ててくれたら嬉しいな」「敬語で話すほうが印象がいいかもしれないよ」など、できるだけポジティブに聞こえるような工夫が大切です。

バッサリと切るのは簡単ですが、かといってそれを再構築するには時間がかかります。これも勉強だと思って対応を工夫してみましょう。

気乗りしない誘いをあとくされなく断るには「困った」と言うだけでいい

誘いを断るのは、気が重いものです。気軽に断れるほど親しい仲なら別ですが、上司や取引先などの誘いは「どうやって断ろうか」と悩んでしまいます。

本当に都合が悪いのならば正直に言えますが、気乗りがしないという理由で断りたい時が困りものです。適当に言い訳をすれば、あとでバレてしまった時の状況は最悪です。

それを切り抜けるのが「困った」という魔法のフレーズなのです。

「困ったな。行きたいんですけど、行けないな、ほんと困った…」などというだけで相手は納得してくれます。「行きたいけれど行けなくて、困っているんだ」と素直に解釈し、具体的な理由までは追求してこないのです。

心理学で有名な実験によれば、人が並んでいるコピー機に近づき、「先にコピー機を使わせてください」「急いでいるので先に使わせてください」「コピーをとらなければならないので、先に使わせてください」の3つのパターンでお願いしたところ、2番目と3番目のケースでは9割以上の確率で先に使わせてもらえたというのです。「コピーをしなければならないから先に使いたい」というのは、理由としては意味をなさないのですが、ならないのですが、「〜なので」という理由づけがあるだけで人は簡単に納得してしまうのです。

同じように、「行きたいけれど、行けない」というようなロジックでも、納得させることはできます。

さらに大切なのは、注目するポイントを「行けない理由」から「困っている」というところにずらすことです。そうすることで相手の目先が変わり、より納得しやすい状態にもっていくことができます。

このように、目先を少しずらすだけでスムーズにことが運ぶことはよくあります。真正面から対峙するだけが正解ではないのです。ウソでもなく、ごまかしでもなく、アプローチを変えることが最善の策ということもあるのです。

「最近の若いコは」というフレーズが自らを追い詰めていくワケ

「最近の若いコは…」などというフレーズが口をついて出るようになったら、歳をとった証拠というものです。

しかし、自分の心理として、本当に若い人たち全般を指して物申しているのかどうか考えてみてください。じつは、具体的な対象がいることが多いのではないでしょうか。

生意気な部下や、やる気がないように見える新入社員など、人間関係の中で感じる特定の若者への思いを「最近の若いコは…」というフレーズで口に出しているわけです。

しかも、その若い世代の人たちですら「最近の若いコはさ～」と、より若い世代への不満を口にします。つまり、このフレーズ自体が実際に年齢を重ねたから出る後進への忠告というよりも、つまらない愚痴でしかないのです。

これでは、若い人たちだけでなく同僚や友人にも煙たく思われてしまいます。「最近の若いコは」と言っている自分に気づいたら、その奥にある心理を自己分析してみましょう。

誰に対して不満があるのか、どんなことが不満なのか、具体的に明らかにするのです。そのうえで、本人に伝える必要があることを上手に伝えるのです。単なる愚痴にすぎないことはぐっと飲み込みましょう。

ネガティブな口癖はネガティブな雰囲気をつくります。結果的に、自分で自分を「煙ったい年寄り」というステレオタイプの枠にはめてしまうことになるのです。もちろん、望んでそうなりたい人はいないはずです。

人間は十人十色、若い世代もすべて同じではありません。それぞれの個性を尊重し、一対一の人間同士としてつき合うのです。それこそが、尊敬される年齢の重ね方なのではないでしょうか。

第一印象を決定づけてしまう2つのポイント

中身が同じモノでも、むき出しのままでポンと渡されるよりも、きれいなラッピングをしてプレゼントされるほうが俄然ウキウキするものです。何ごとも「見せ方」は大切なのですが、人間にも同様のことがいえます。

その見せ方がいかに大切かということを説くのが、「7・38・55のルール」とも呼ばれる「メラビアンの法則」です。

この法則によれば、人の第一印象を瞬間的に判断する場合、話の内容が7パーセント、話し方が38パーセント、そして見た目が55パーセントの割合で影響してきます。つまり、半分以上は外見によって第一印象が決まってしまうということなのです。

そういうと、がっくりしてしまう人もいるかもしれませんが、この場合の外見というのは顔やスタイルに限ったことではありません。

女性誌などのアンケートで、異性に求める要素としてトップに挙げられるのは何と「清潔感」です。いくら今流行のイケメンでも不潔な人は女性にはモテません。メラビアンの法則で重要視される見た目というのは、身だしなみや立ち居振る舞いから感じる清潔感が重要なのです。

容姿は変えられなくても、清潔感なら努力しだいで手に入れることができるでしょう。ビジネスパーソンであれば、ワイシャツはアイロンがかかっているものを身につけ、毎日洗濯したハンカチを持ち、ぼさぼさ頭を放置せず定期的に理髪店などに行くようにします。ツメを整え、ランチの後でも歯磨きやうがいを忘れてはいけません。

ちなみに、38パーセントを占める話し方とは、声のトーンや大きさ、言葉遣いなどです。これも、意識すれば好印象を与えることができるはずです。

いくら人間は中身だといっても、それはタテマエです。第一印象が悪ければ相手に受け入れてもらえないのです。

○参考文献

『人間関係がうまくいく 図解 嘘の正しい使い方』（碓井真史／大和出版）、『自分がわかる！相手がわかる！使える！心理学』（菅野泰蔵監修／洋泉社）、『「他人が読める」と面白い』（渋谷昌三／新構社）、『他人の心は「見た目」で９割わかる！必ず試したくなる心理学１０１』（多湖輝／大和書房）、『ちょっとだけ・こっそり・素早く「言い返す」技術』（ゆうきゆう／三笠書房）、『外見だけで「品よく」見せる技術』（永島玉枝監修／ＰＨＰ研究所）、『つい、そうしてしまう心理学』（深堀元文／日本実業出版社）、『対人コミュニケーション術１００の処方箋』（浅野八郎監修／東京書籍）、『会った瞬間にその人がわかる本』（田村正晨／経済界）、『言葉のくせで説得する』（三村侑弘／自由国民社）、『説得の達人』（多胡輝／ごま書房）、『「動きの癖」で人間がわかる』（馬渕哲、南條恵／日本経済新聞社）、『外見だけで人を判断する技術』（渋谷昌三／ＰＨＰ研究所）、『日米ボディートーク―身ぶり・表情・しぐさの辞典』（東山安子、ローラ・フォード／三省堂）、『「あの人は何を考えているのか」が面白いほど分かる本』（内藤誼人／光文社）、『なぜ電車の席は両端が人気なのか―行動の心理学』（本明寛／双葉社）、『しぐさと表情の心理分析』（工藤力／福村出版）、『上手なウソの作法―人間関係を温かくする』（内藤誼人／日本経済新聞社）、『一瞬の表情で人を見抜く法』（佐藤綾子／ＰＨＰ研究所）、『権力者の心理学』（小田晋／悠飛社）、『人は見た目が９割』（竹内一郎／新潮社）、『一緒に仕事をしたくない「あの人」の心理分析』（ジェームズ・ウォルドループ＋ティモシー・バトラー著、藤井留美訳／飛鳥新社）、『悩まない技術』（辻裕美子／主婦の友社）、『あなたの意見はなぜ通らないのか』（島田士郎／日本文芸社）、『人を動かすほめ方、叱り方、励まし方』（小貫隆／ぱる出版）、『会話のパターンで性格を見抜く』（篠木満／日本実業出版社）、『他人の心理が面白いほどわかる！』（おもしろ心理学会編／青春出版社）、『他人の心理大事典』（おもしろ心理学会編／青春出版社）、ほか

青春文庫

決定版《けっていばん》 他人《たにん》の心理《しんり》が面白《おもしろ》いほどわかる本《ほん》

2018年 8 月20日　第 1 刷

編　　者　おもしろ心理学会《しんりがっかい》
発 行 者　小 澤 源 太 郎
責任編集　株式会社プライム涌光
発 行 所　株式会社青 春 出 版 社

〒162-0056　東京都新宿区若松町 12-1
電話 03-3203-2850（編集部）
03-3207-1916（営業部）
振替番号　00190-7-98602

印刷／大日本印刷
製本／ナショナル製本
ISBN 978-4-413-09702-4

ほんとうのあなたに出逢う ◆ 青春文庫

30秒でささる！伝え方のツボ

「質問」を利用しながら、いま話すべき内容を探す方法ほか、これなら一瞬で伝わる！ 何年経っても記憶に残る！

ビジネスフレームワーク研究所［編］

（SE-700）

「結果」を出せる人だけがやっている 秘密の「集中法」最強の「休息法」

「腹式呼吸」と「逆腹式呼吸」の集中法、メンタルを前向きにするリラックス法……コツをつかめば能力は２００％飛躍する！

知的生活追跡班［編］

（SE-701）

決定版 他人の心理が面白いほどわかる本

「まあ」「えーと」…〝間〟をとる人はかなりのクセもの!? …ほか人間関係をめぐる問題の８割は、これでスッキリ！

おもしろ心理学会［編］

（SE-702）

絶滅と進化のサバイバル 生きもののすごい話

恐竜が隕石で滅びたというのは本当か？ ヒトの第三の目の痕跡とは？ …ほか、読みだしたら止まらない奇想天外な生命の世界へ。

おもしろ生物学会［編］

（SE-703）